人生と陽明学

安岡正篤

PHP文庫

○本表紙図柄＝ロゼッタ・ストーン（大英博物館蔵）
○本表紙デザイン＋紋章＝上田晃郷

『人生と陽明学』によせて

二〇〇二年二月、PHP文庫から安岡正篤先生の講話録『活学としての東洋思想』が発刊されました。この書では、「活学とは何か」という問いかけに始まり、その本質を東洋思想全般にわたり展開、明示しています。取り扱われている範囲は広く、中国の伝統的正統思想というべき儒教《じゅきょう》や、それに対する老荘思想、あるいはインドに源流を発しながら、中国で独自の発達を遂げた禅思想、漢代・司《し》馬遷《ばせん》の『史記』、また現実に徹し現実を洞察する兵家『六韜三略《りくとうさんりやく》』の思想にまで及んでいます。

本書『人生と陽明学』は、第一部というべき『活学としての東洋思想』の趣旨を受けて、まずその実践に生涯をかけた明代の英傑・王陽明の人と思想を取り上げ、ついで陽明の人生の切所（生きるか死ぬかの決断処）における胆識《たんしき》（卓越した腹がまえ）の在り方を明らかにしています。

安岡正篤先生は大正十一年、東大卒業と同時に『王陽明研究』を著してその成果を世に問い、陽明学研究の第一人者としての地位を確立しました。この書は先生の国士《こくし》（国民的教育者・思想家）としての長い生涯の一里塚となりました。先生の王陽明研究の端緒は、幼少の頃、兄上が柳生藩権大参事《ごんのだいさんじ》（旧家老職）岡村閑翁《かんおう》について学んでいた時、その兄に付して閑翁から大きな感化を受けたことから始まります。閑翁は家老という重職にありながら、同時に碩儒《せきじゅ》（漢学の大家）としての名があり、とくに陽明学に博識がありました。閑翁はかって大和五条の高名な陽明学者・森田節斎の紹介により吉田松陰と面晤《めんご》（会って話をする）し、学を語り志を談じたことがあります。

吉田松陰はつねづね森田節斎を心の師として尊敬していました。嘉永年間、萩よりはるばる五条の節斎を訪ねた時には、共に楠公の遺跡を訪ね、建武《けんむ》の偉業と楠公の忠誠を偲《しの》びました。節斎、松陰、閑翁といった碩学たちに底通《ていつう》する尊皇の心と陽明学の深い理解は、安岡先生のなかに脈々として流れていることは言うまでもありません。

王陽明の学問思想を「陽明学」といいます。その中心となる教えは「知は人の真実な感情と実践を通して初めて知となる」というもので、人間の自然な心情に根ざした倫理と実践を強調するものでした。ところがこの「自然な心情」を、後学の一部が自由放任と捉えて、学への真剣な努力を放棄したところから、陽明学の堕落が始まりました。

中国で堕落した陽明学は、室町末期から江戸初期の日本に入り、再び高い水準を得て復活し、正当な地位を占めるようになりました。これが近江の中江藤樹から始まる日本陽明学でした。日本陽明学は藤樹からその弟子の熊沢蕃山《ばんざん》を経て、中期の三輪執斎《みわしっさい》、後期の佐藤一斎、大塩中斎、そして幕末には、岩国の東沢瀉《あずまたくしゃ》、安芸《あき》の吉村秋陽、備中《びっちゅう》の山田方谷《やまだほうこく》、京都の春日潜庵《せんあん》、山陰の池田草庵、多度津《たどつ》の林良斎、大和の森田節斎らの錚々《そうそう》たる俊秀を得て、一気に開花し、その流れは滔々《とうとう》として青年たちの心に大きな感化を及ぼしました。

この勢いは維新の激動、明治の富国強兵政策のなかで一時的に表層から消えていきましたが、中期以降の漢学への関心のたかまりのなかで、三輪執斎や佐藤一斎の著書が活版本として普及するなど、陽明学復活への道が開かれることになりました。陽明の「良知の説」はとくに修身教育における活学として見直され、幸田露伴や三島復などの著書を通して、世に広まっていきました。しかし陽明学を精神生活と人格形成にとり重要な学問、思想として位置づけ、これを高らかにうたい上げたのは安岡先生の『王陽明研究』をもって嚆矢《こうし》（はじめ）とします。

戦後の共産中国は、王陽明を全く評価しませんでした。それは明代の猖獗《しょうけつ》（はびこる）をきわめた諸賊の反乱を、土地を追われた農民たちの義挙（正義のための行動）と評価した上で、陽明がことごとく反乱を鎮定したことに対して、これを民衆の敵と見做《な》し、封建的・反動政治家であると断定したからです。しかし明代の嘉靖・万暦《まんれき》の繁栄は疑いもなく陽明の決死の働きによって実現したものであり、王陽明の崇高な生涯、人格と学問は、一時的なイデオロギーによって左右されるものではありません。

陽明学は安岡正篤先生を得て活潑潑地《かつぱつはつち》（いきおいのよい）の生命力を得ました。以来人間形成の学として、また警世の活学として猶興《ゆうこう》の士（一人でも立ち上がる志士）によって学び継がれてきました。しかしながら戦後約六十年、かってない繁栄のなかで、人々はしだいに滅公奉私の暮らしに沈淪《ちんりん》（しずみこむ）し、国宝といわれた道義の心もまた私欲のなかに深く湮没《いんもつ》（ほろびる）するようになりました。この時にあって規範意識や伝統的文化の復活に願いをかけて、本書の刊行に踏み切ったPHP研究所の企画はまことに時代の要請にかなったものと思います。

本書は憂うべき現代の精神状況に対する警醒《けいせい》の書として、『伝習録』中の千古の名文抜本塞源論《ばっぽんそくげんろん》を軸に、求道の人・王陽明の人と学の神髄を明らかにしています。この書にこめられた安岡正篤先生の意志と言葉こそ、現代の竜見黙雷《りゅうけんもくらい》（『荘子』に見える言葉で、偉大な人格者は沈黙していても竜のごとく現われ、黙していても雷のように知れわたる）ともいうべきものです。本書を常に座右、膝下《しっか》において反復味読して下さるようお願いいたします。

平成十四年五月

関西師友協会事務局長

田中忠治

人生と陽明学

【目次】

王陽明の人と学——抜本塞源論を中心として

山中の賊を破るは易《やす》し。
心中の賊を破るは難《かた》し。
王　陽明

其の一　（先哲講座）

何故陽明学が流行するのか

近頃陽明学というものが新たに世の注意を惹《ひ》き、人々の話題を賑わせておりまして、ジャーナリズムも、マスコミも盛んにこれを取り上げて、一層その流行を刺戟致しております。それで私なども、思いもかけぬところで、思いもかけぬ人から、陽明について尋ねられることも珍しくありません。少し前にやはり禅がはやりまして、これは国内ばかりでなく、ヨーロッパ・アメリカに及んで、殊にビートルズとか、ヒッピーとかいった連中にまでもてはやされたことがありますが、丁度陽明学がその後を継いでおるような恰好になって来ておるわけであります。

然《しか》し世の流行とか、話題とか、というものに乗るようになりますと――最近特にその傾向がひどいのでありますが――兎角《とかく》物事の真を失う嫌いがある、甚だしきは真を誤ることすら少なくありません。陽明学もそうであります。そこで陽明学の啓蒙と申しますか、正しい陽明学とはどういうものであるか、ということをお話しておくのも時宜《じぎ》を得たことではないかと考えまして、これを採り上げることに致したわけであります。

と申しましても、それにはやはり文献を渉猟《しょうりょう》することが大事でありまして、陽明学を知ろうと思えば、先ず以て陽明その人の言論・文章を研究しなければならない。それでなければ一場の耳学問、一場の断片的な話の種に終ってしまう。そこで取り敢えず、この時局に最も適切と思われる抜本塞源論《ばっぽんそくげんろん》を採り上げて、その緒《いとぐち》を取り出すことに致したいと思います。

大体禅や陽明学が思わぬ世間の流行問題になるというのはどうしたことであるか。現象面だけを見ておりますと、いかにも浮薄・軽薄であります。けれども何事によらず真面目に冷静に観察しますと、やはりそこにはそれだけの意味もあり、原因もあるわけでありまして、単に流行であるからと言って好い加減に取り扱うことは出来ないのであります。そこでその因縁、理由・原因といったものを二つ三つ考えてみたいと思います。

民族の良心の呵責

先ず考えられますことの一つは、何と言ってもこの今日の時局が、それだけ緊迫してきたと言うか、深刻になって、もう今までの様な好い加減なことでは済まなくなってきた、少なくとも気分がおさまらなくなってきた、ということを見逃すことが出来ないと思うのであります。確かに今の日本は、一つの流行語で申しますと、深刻なスタシス stasis というものにはいっておる。スタシスという語は、まだ日本では余り用いられておりませんが、ヨーロッパや、殊にアメリカ等に於ては、専門家の間の一つの時代用語・流行用語になっております。元来は中世の哲学用語でありまして、現在ではステイシスと発音しておるようであります が、これは一つの変化の微妙な状態、変化の危機というような意味であります。

最近識者の間に注意を惹《ひ》いておりますアメリカ・コーネル大学のアンドルー・ハッカーという教授が、アメリカの現代文明、その市民生活を検討して、『アメリカ時代の終焉《しゅうえん》』という本を書いております。彼はその中で、アメリカはかつて人類の歴史に類のないくらいの物質的・経済的繁栄に恵まれて、世界に時めいたのであるが、意外に早く型の如く頽廃して、今やどうにも取り返しのつかぬ状態になっておる、ということを痛切に観察し、指摘すると共に、この危機を救うには余程真剣な規律と犠牲の精神を要するが、果して現代のアメリカ人はそういう努力に耐えられるかどうか。

アメリカにとって悪いことは、歴史的にヨーロッパ諸国民のような治乱興亡といった深刻な、真剣味を要する体験をしていないということである。又ワシントンやジェファーソンといった建国当時の人々のような、或いは南北戦争のリンカーンの時代の人々の様な、真剣な生活・精神・努力を全く知らない。殊に若い世代の市民ほどそうであって、彼等の知っておるのは成功と繁栄に伴う享楽だけである。言わば苦労を知らない良家の軽薄な子女の如き状態にあるわけで、今更規律だの、犠牲だの、精神だの、というようなことを言ったところでなかなか通じない。だからもう今日のアメリカは、このスタシスを乗り切るどころか、光栄ある過去の歴史の終末に達しておる、と言うても少しも過言ではない。とまあ、こういうことを実に痛切に論じておるわけであります。

この本はアメリカに対する警告の書でありますが、読んでおると、もう痛いくらいにアメリカのことではなくて日本のことだ、という感じがするのであります。最近この様な、現代の危機を率直に指摘し、将来を深刻に憂慮する警世・憂世の、憂国・憂民の議論や著書が随分数多く出まして、日本にもそれらの翻訳が陸続として現われております。中には『人類最後の日の記録』といった無気味な書物まで出ておるのでありますが、こういうものが広く読まれるというのは、やはり日本民族の良心の呵責《かしゃく》と言うか、苦痛の声であると考えられぬこともない。

今、東京の「照心講座」で呂新吾《りよしんご》(一名心吾)の『呻吟語《しんぎんご》』を講じておりますが、そういう書物はみな現代の呻吟語であると言うても宜しい。抜本塞源論も亦その通りでありまして、現代のこういうスタシスに当たって、正にそのまままわれわれにひびく、又うったえる。そうしてわれわれをして深刻に真剣な反省に導いてくれる、これは名論であります。

文明の中毒現象

世間では陽明学と言うと、すぐ革命的な思想・学問、世紀末的な暴動・叛乱の論拠になる学問、又陽明はその典型的な人物である、という風に考える。従ってこれは、信奉する側から言えば革命の書・思想であり、反対する側から言えば危険な人物・学問である、ということになるわけで、そういう考え方・議論が殆ど常識の様になっております。

これは取るに足らぬ浮薄なことでありますけれども、しかしそれはそれで大いに理由はある。と言うのは時代や人心が頽廃《たいはい》して参りますと、人間には心理、従って良心というものがありますから、必ず警醒《けいせい》自覚の思想・学問・言論が興ってくる。丁度それは生命と同じことでありまして、人間の生命には深い神秘な理法、所謂《いわゆる》生理というものがありますから、健康が衰えて参りますと、必ず生命が身体に警告を発します。これが病気であり、死に通じる。ところがわれわれの生命を営んでおる、身体を構成しておる細胞は、元来インモータル、不死なるものでありまして、それが何故死ぬのかと言うと、大要二つの原因がある。一つは、或る程度以上の怪我をするからであり、もう一つは、細胞が自家中毒を起こすからである。そのために不死なるべき生命・身体が死滅するのです。

これは中毒の中の一字を見ればよく分かります。中とは、文字学の上から言うと、相対立するものを統一して、より高いところへすすむという意味で、その代表が中庸です。中庸に「時中《じちゅう》」という語がある。又論語にも「君子時中」と言うてある。これも前に講義しましたように、時々中すと解釈しては間違いでありまして、従って「時に中す」とか、或いは「時《これ》中す」などと訳して読むか、そのまま音で時《じ》中と読んだ方がはるかに宜しい。

人間はいろいろの現実の活動を営むうちに、必ずそこから進化と同時に中毒が始まる、つまりあたるわけです。生きんとして生きることにあたる。中毒は影の形に伴うが如く生に伴うものでありまして、従って生の作用が活溌であればあるほど、中毒も亦活溌である。例えば、栄養に富んだ食物、贅沢な食物を摂取することは、元来は大層良いことなのだけれども、だんだん続けておるうちに、必ずそのために中毒する。或いは金を持つ、地位を持つ、権力を持つ、という様なことは皆これ人間としての生命の発展であるが、同時にそういう富貴栄達には必ず強い中毒性が伴うものであります。

文明も亦そうでありまして、民族は苦労して文明を発達させ、その発達させた文明のために自家中毒して滅亡する。それを繰り返してきたのが世界の民族の歴史であります。だから民族の歴史・文明史は同時にその没落史でもある。

第一次大戦の時に已《すで》にドイツのシュペングラーが、このことを指摘し、力説して、名高い『西洋の没落——没《しず》みゆく黄昏《たそがれ》の国』という書物を著わし、洛陽ならぬ世界の紙価を高からしめました。又第二次大戦に際してはイギリスのトインビー教授が、『歴史の研究』という大著を書いて、シュペングラーと本義に於て全く同じ見解を示しております。

確かに現代は過去に較べて未曾有《みぞう》の科学技術・工業文明を発達させました。しかもそれが未曾有の発達であるだけに、中毒現象も亦かつてない大きなものがありまして、このまま進めば人類の滅亡か、少なくとも近代工業文明諸民族は没落する、とまで論ぜられる様になってきておる。そうしてこれは単にヨーロッパやアメリカの問題ではなくて、そのまま日本の大問題になってきておるのでありま す。と言ってもこれは決して昨今の現象ではないのでありまして、識者はつとにもういろいろの面から警告して来たことであります。

例えば、この講座でもたびたび触れたことでありますが、終戦直後、ルーマニアのゲオルギウーという作家は『二十五時』という小説を出しました。一日は二十四時間でありますから、二十五時ならば午前一時と言うべきであるのに、それを何故二十五時と言うのか。これは午前一時と言えば、やがて午前四時、五時となって、即ち夜が明ける。つまり午前一時は暁《あかつき》、朝の光を待つことが出来るという意味。ところが戦後の今日はもうその夜明けが来ない、永遠の暗黒である。そこで午前一時ではなくて二十五時とつけた。その内容は、直接には共産革命による支配、その次には近代文明による社会的・心理的変化を挙げて、近代科学技術文明の運命を論じておる。

危機を救う警醒・自覚の学問

これはヨーロッパ・アメリカに大変な反響を生み、やがて日本にも伝わって、一時随分愛読されました。けれども、今の日本はそんな話どころではない、兎に角経済復興である、所得倍増である、ということでその方面に血道を上げ、その結果、日本には二十五時どころか、輝かしき暁が訪れたのである、ということになって大いに繁栄の謳歌が始まったのであります。ところが間もなく気がついてみると、いつの間にか、おやっ、というスタシスになっておった。栄枯盛衰というものはかくもあわただしいものか、とつくづく感ぜざるを得ないのであります。

そこで世界民族の栄枯盛衰の歴史・興亡の歴史の中に存する卓見、活眼の士の心をこめた著書などを読んでみますと、本当に感慨無量なるものがあります。と同時にそういう変化・変革の歴史の迹《あと》を辿《たど》ってみると、文明頽廃の時代、民族堕落の時代には必ず何等かの良心・良知の光が、思想・学問が興っておる、ということを知るのであります。

だから今日のこの文明の頽廃、文明民族の堕落に対しても、当然何等かの良心・良知の光が、時代に相応しい思想・学問が興って来なければならないわけでありまして、それがわが日本に於ては、やや感傷的、或いは病的な議論や流行になって、いち早く陽明学というようなものも問題になっておる、とこう考えられると思います。

特色ある明の時代

陽明は明《みん》代後半期の人でありますが、明という時代は支那の歴史を通じて著しく特色のある時代であります。そもそもその明朝を開いた太祖洪武帝の朱元璋《しゅげんしょう》がそうでありまして、彼は全く一介の野人から身を起こして天下を取ったものである。これは支那二十四史二十五史と言われる栄枯盛衰興亡の歴史を通じてみても、本当に珍しいことでありまして、革命建設の英雄と言われる様な人物で、一介の野人から起こっておる者は極めて少ない。よく漢の高祖などその筆頭に挙げられますが、これは田舎の村長格といったところで、大体に於て野人には違いないけれども、まだ朱元璋に較べればましである。朱元璋は日本で言えば、丁度豊臣秀吉に似たりよったりの様なものでありまして、全く貧農の出身である。そうして田舎の皇覚寺という貧乏寺の小僧にやられて、細々と暮しておったのですから、極端に言えば、山寺の乞食坊主上がりと言うて宜しい。

その貧乏寺におる時に、支那の乱世・変革の時代につきものの宗教匪賊《ひぞく》、所謂教匪というものが起こった。これが世に言う紅巾《こうきん》の賊《ぞく》でありまして、一時その勢は猖獗《しょうけつ》を極め、世の中を非常な動乱に陥れた。朱元璋はその紅巾の賊に身を投じ、そこからたたき上げて、終《つい》に天下を取って皇帝の位についたわけでありま す。

それで彼も最初は、自分は名もない卑しい出身であるから、教養もなければ、学問もない、このままで天下に王たるは如何にも口惜しい、恥ずかしい、というので真剣に師につき、書を読み、道を修めて、孜々《しし》として学んでおる。その志は甚だ立派であった。従って教学、文化の上に大きな貢献をしております。

しかしだんだん成功するにつれて弛《ゆる》みが出て来た。弛みが出てくると、どうしても地金が出る。これは人間の情けないところでありまして、言わば一種の成功に伴う中毒現象です。そして先ず第一に、自分の座を保つことに大きな不安を持つ様になった。そうなると疑い深くなる。共に苦労をして来た宿将・功臣も、さて功成り名遂げてみると、心配で仕方がない。後は惨澹《さんたん》たる粛清であります。

これは古今奸雄《かんゆう》のその揆《き》を同じうするものでありまして、明の太祖も亦その例外ではなかった。今日、毛沢東のやっておることを見ておりますと、その手口が実によく太祖に似ておるのでありますが、もう本当に惨澹たる粛清を演じております。挙句《あげく》の果ては、漢・唐以来最も権威のあった大臣・宰相まで信じられなくなり、とうとうこれを廃《や》めて、専ら自分の言うことを聞き、又自分の意志を権威を以て国民に発表出来る学者・大学士を重用して、これに替えてしまった。そうして型の如く秘密警察・特高警察のようなものをつくって、ほしいままに嫌疑をかけては逮捕・監禁し、或いは殺戮《さつりく》しておるのであります。

従って晩年は悲惨な運命を辿るわけでありますが、それでも運良く無事に死ぬことが出来た。その代わり後を継いで二世皇帝になるべき長男が夭死《わかじに》して、まだいたいけなその子供、太祖から言えば嫡孫《ちゃくそん》が後をとらねばならなくなった。しかもその彼が目の中に入れても痛くないほど可愛がった孫の二世皇帝も、太祖の第四番目の伜《せがれ》で、燕京（北京）に封ぜられておった燕王棣《てい》によって追放されるのであります。これが有名な第三代の成祖、永楽大帝であります。

身心の学

まあ、それは兎も角として、大臣・宰相を廃止したために、いつの間にか皇帝側近のご用聞き・側用人、つまり宮内官・宦官《かんがん》が巾を利かすようになり、次第に衰退を辿るわけでありますが、王陽明はその中期の、やや小康を得ておる時に現われておる。しかし、やがて再び天下が物情騒然となって参りまして、陽明はその中にあって、出でては匪賊《ひぞく》や親藩の叛乱鎮定に当たり、入っては宮廷の宦官・奸臣達の迫害を受けながら、敢然として正学を主張したのであります。

しかもその学問・教育は実務の間、或いは叛乱鎮定の帷幕《いばく》の中でやっておる。所謂活学をやっておるのであります。当時すでに思想界・学界は型の如く沈滞し、曲学阿世《きょくがくあせい》が流行して、学問・教育は殆ど資格を取るための試験勉強であった。つまり官吏登庸《とうよう》試験の科挙《かきょ》に合格するための、立身出世のための功利的学問、暗記型の生命のない主知的学問、或いは文を作ったり、詩を作ったりする遊戯的・技術的学問に堕してしまっておったわけであります。

陽明はそういう中にあって厳として、失われた道徳を回復する、真の人格をつくってゆく、という意味で真の聖賢の学問、身心の学を講じたのであります。しかも彼の場合、若い時から肺病に罹《かか》っておりましたから、文字通り病軀《びょうく》を押して血を吐き吐き、あれだけの事績・功業を立てたのであり、学問も単なる机上の学問ではなくて、身を以て行じておるのであります。

従って当時の因習的な学問・教育から言うと、彼の学風は正に革命的なものであった。と言っても決してそれは今日言うところの革命とか、反体制であるとか、或いは戦闘的であるとか、いうようなものとは全く意味・内容が違うのでありまして、それが浅薄に世に伝えられて、あられもない陽明観・陽明学が流行になりつつあるのは、誠に苦々しいと言うか、危いと言うか、これは余程真剣に反省し、又是正しなければならない問題だと思うのであります。

『伝習録』中の傑作・抜本塞源論

さて、陽明の教学を最もよく代表するものは、何と言っても『伝習録』であります。『伝習録』は陽明の弟子たちが三回に亘って編纂したもので、第一回・第二回で今日伝わる上巻・中巻が出来、第三回目に下巻が出来たのでありますが、これは陽明が亡くなってからであります。わが日本では徳川時代になって、三輪執《みわしっ》斎《さい》や佐藤一斎といった人々によって普及したのでありまして、幕末・明治維新に際しては、『近思録』と竝《なら》んで日本の知識人、特に志士・学者達に大きな影響を与えたのであります。

その『伝習録』の中巻に「顧東橋《ことうきょう》に答ふる書」というのがありまして、これが所謂「抜本塞源論《ばっぽんそくげんろん》」というものであります。顧東橋は古来風流の地として知られる蘇州の人でありまして、元来は詩人であり、どちらかと言うと、朱子学派に属する人でありますが、本文はその顧東橋の質問に答えられたもので、最後に結論とも言うべきものが書かれてある。これは誠に堂々たる文章でありまして、天下の名論『伝習録』中の傑作として、古今に有名なものであります。

抜本塞源とは、これは今日の時代も同じことでありますが、こういう頽廃・混乱の時世になると、徒《いたずら》に枝葉末節にこだわって論じ合っておっても、何にもならない。それよりも先ず病弊の由って来たる根本を抜いて、その源を塞《ふさ》ぐことを考えねばならぬという意味であります。

陽明はそのために、何が時代の病弊の本源であるか、ということを厳しく観察し議論して、結局人間は、人や物によって、他によって、平たい言葉で言えば、他人の褌《ふんどし》で相撲を取ろうという様な、安易な、功利的な考えを捨てて、かなわずと雖《いえど》も自ら奮発して、身を以て事に当たるより外にない、ということを力説しておるのであります。

そうして最後に「夫の豪傑の士待つ所無くして興る者に非ずんば、吾れ誰と与《とも》にか望まんや」と言って結んでおる。これが所謂猶興の豪傑というものであります。他人は如何にもあれ、俺は俺でやるのだという人物が出て来なければ、到底世の中は救われない。

現代の抜本塞源論

そういう意味で今日の識者・警世家といった人達の議論も、一言にして言うならば、今日の抜本塞源論に外ならない。みなこの現代の頽廃・堕落の由って来たる根本を引き抜いて、その源を塞《ふさ》がねば駄目だ、と時世に徴して論じておるのです。然しアンドルー・ハッカーが、アメリカの現代文明・市民生活を論じて、これを救うことは非常に難しいと言うておるように、もう今日は単なる空論ではどうにもならぬところへ来ております。従って陽明の言うように、俺は俺で自分に出来ることをやるより外にない。

この結論は世界中どこへ持って行っても、いつの時代にも通ずることであります。われわれが多年一灯照隅行を提唱しておるのも、言い換えればこのことであります。これより外に救う道はない。いくらビラを何千枚、何万枚撒《ま》いても、演説会を開いて大衆にうったえても、何の意味・効果もないとは言いませんけれど、決してそれだけでは改まらない。それも篤志家が自分の信念や熱情でやるのであれば、まだ効果があるけれども、そういうことを商売にしたり、仕事にしたりしてやるのは、いくら表面は華やかに見えても、とりとめもないものです。

この本源を別の意味に於てやかましく論じておる現代の一番有名な人は、オルテガです。オルテガは縷《る》々何万言を費《つい》やして、いろいろの論説を書いておりますが、その中に『大衆の反逆』という本がある。この今日の救いようのないように思われる世紀末的文明の頽廃を救うには、末梢《まつしよう》的煩瑣《はんさ》・過剰を去って、根源の簡素に返らなければならぬというのであります。陽明の「本《もと》を抜き、源を塞ぐ」というのと事実は同じことであります。そういうことを思い出しながら抜本塞源論をしみじみ味わいますと、無限に連想せしめるものがあります。

陽明は今から五百年前の九月三十日に生まれておりまして、従って今年（一九七二）は丁度生誕五百年に当たります。東洋では普通没後何年と言って記念するのでありますが、近頃は西洋流の生誕何年を記念する風がはやって参りまして、台湾でも今年は生誕五百年を盛大に記念しようという企画があるようでありますす。

日本でもその五百年を期して、陽明の今迄余り出版されたことのない文献を全十二巻に編纂《へんさん》して刊行しようという計画がなされまして、このほど漸くその緒《ちよ》につきました。私も第一巻の巻頭に載せる陽明の伝記を依頼されまして、昼夜兼行で三百枚ばかり書き上げたところであります。それでいささか健康を害しましたけれども、久し振りに楽しい努力を致しまして、その温《ぬく》もりがまだ醒めておりませんだけに、陽明については限り無く語るべきものがあり、又一層感興が横溢する次第であります。

変化と波瀾に富んだ一生

古来、偉大なる人物と言われる人は数知れずありますが、凡《およ》そ陽明の如き変化と波瀾に富んだ生涯を送った人はちょっと外に例がない。正に数奇なる生涯という言葉そのままの一生であります。又彼の性格そのものが限りない複雑性・多様性を持っております。

これは多分に遺伝的なものでありまして、陽明の代々の先祖を辿ってゆきますと、本当に様々の人材が出ております。例えばお父さんという人は、あの難しい進士の試験に第一等で及第して、最後は大臣格までなった人ですが、実に謹厳篤学で、典型的な士君子であります。お祖父さんの方はどうかと言うと、どこか豪傑肌のところがあって、洒《しゃ》々落《らく》々、誠に拘泥のない、どちらかと言うと、老荘的とさえ考えられる風流逸《いつ》人といった人であります。

陽明の伝記を調べておりますと、そういう祖先の複雑な遺伝性が随所に窺《うかが》われるのでありまして、今日の流行言葉で言いますと、バラエティとか、ダイバーシティに富んでおる。然もこういう性格はどうかすると散漫になるものでありますが、陽明に於てはそういうところが全くない、本当に学問・修養によって渾然と統一され、練り上げられておる。そこに学べば学ぶほど、研究すればするほど、尽きざる妙味があるわけであります。

反面陽明は、先に申しましたように、若い頃からどちらかと言うと健康でなく、その上肺を病んで、苦しい闘病の生涯を送ったのであります。抑《そも》々は彼が朝廷の命で同郷出身の名将軍の墓を築造した時に、馬から落ちて胸を打ったためだと言われておるのですが、兎に角そのために血を吐き吐き、熱に苦しみ、咳にむせぶ生活が終生続いておるのであります。こういう場合大抵は、どこか山紫水明の地に病を養うて、そうして勉強をするとか、著述をするとか、というのが普通でありまして、これは洋の東西を問わず昔から学者や文人に有りがちなことであります。

ところが陽明はそういう世間一般の生き方とは全く反対に、病軀を以て官途についておる。しかも任官劈頭《へきとう》、当時朝廷に於て最も権力のあった宦官上がりの劉《りゅう》瑾《きん》と衝突しまして、――その劉瑾というのが又成り上がり者に有りがちな極めて陰険辛辣《しんらつ》な男で、そのために投獄され、又貴州の竜場《りゅうじょう》という、雲南の先のそれこそ思い切った僻地《へきち》に流されるわけです。

竜場は僻地と言っても、全くの蕃地《ばんち》でありまして、土民の如きはただ人間の恰好をしたというだけの、オランウータンやチンパンジーの様な動物を想わせるものであった。そこでの陽明の仕事は先ず木を伐って小屋を建てることであった。そうしてやがてその地方出身の役人連中に学を講じ始め、次第に土民を教化して、これを悦服《えっぷく》させ、苦修の中に徳化の実を挙げたのであります。やがて権奸も没落し、彼は漸く中央政府に喚《よ》び返されることが出来ました。そうして京に帰った陽明は、流謫《りゅうたく》の間に命懸けの修養・思索によって得たところの信念、又その学問・見識を縁のある人々に講じ始めたわけであります。

しかも忽《たちま》ち当時の因習的・職業的ご用学者達の反感・憎悪を招いて、紛々たる毀誉褒貶《きよほうへん》を浴びるのですけれども、彼はそういうことに対して何の屈託もなく超然として、一箇半箇共鳴する人々の間に次第に自分の信念・学問を広げて行ったのであります。

しかしそれも長くは続かなかった。やがて又宦官を中心とする支配階級から異端視され、迫害を受けて、今度は湖南に起こった土賊の叛乱鎮定に派遣された。ここでも彼は、惨澹たる討伐の戦いの中にあって、弟子と絶えず書を読み、学を講じ、到るところ土民の主たる者をも傾倒させ、見事に匪賊を平げて、その地方を鎮定したのであります。

しかしその非凡な手腕・業績が益々中央の嫉妬やら猜疑《さいぎ》やらを生みまして、丁度その時に起こりました親藩の、南昌に封ぜられておりました寧王宸濠《ねいおうしんごう》の叛乱の鎮定を命ぜられた。ここでも彼は、普通ならばこの時に叛乱の犠牲になって死んでおるところでありますが、彼の非凡なる識見とその神速《しんそく》果敢なる処置によって、凡そ読書人・学者・教育者とは思えない見事な作戦と戦闘によって、それこそ史上稀なる戦績を挙げ、忽ちのうちにこれを鎮定したのであります。

だが、そういう輝かしい戦績・業績を挙げれば挙げるほど、いよいよ朝廷側の猜疑や嫉妬が激しくなりまして、ありとあらゆる迫害を受けるのです。けれどもさすがに朝廷や宦官の中にも、陽明に心から敬服して、ひそかに心を通ずる者が出て参りまして、そのためにしばしば危いところを救われ、無事に難境を切り抜けることが出来ました。そうして結局、その輝く戦績に対して報われたものは、故郷に帰って優游自適するという、功利的に言うならば、実に無道な待遇であったわけであります。

しかも彼はそれを心から喜んで、その不遇の間に故郷の人々に盛んに学を講じて行った。その頃から陽明の学問・人物に心酔する者が続出するようになり、更にそういう人々が次から次へと同志を広めて、やがて陽明の学問・教育が大きく時代を動かすようになります。けれどもその故郷での優游自適の生活も又々長くは続かなかった。それは、間もなく広東・広西を中心とする南支の瘴癘《しょうれい》（熱病）の地に内乱が起こりまして、彼はその鎮定のために派遣されることになったからであります。

けれどももうその頃は病がいよいよ重くなっていて、とても叛乱討伐といった激務に耐えられる状態ではなかった。それで彼は陳上書を奉って、派遣を断わっております。それを読むと、自分は肺を病んで、しじゅう血を吐き、咳に悩まされて、咳き込んでは気絶し、久しうして辛うじて甦《よみがえ》るといった状態であるから、とても内乱の鎮定・匪賊の討伐など思いも及ばぬ、と実に卒読《そつどく》（読み通す）するに忍びない言葉で綴られておる。

けれどもそれでも許されず、終に鎮撫使《ちんぶし》として事に当たらざるを得なかった。ここでも彼は歴史に例のないような治績・戦績を挙げて、到るところ殆ど神格視されるほどの敬慕・崇敬を受けておる。しかし――これまでよく持ったと思うのですが――さすがにそこに至っては彼の生命の焔《ほのお》も尽きたものと見えて、任務を果して故郷に帰り着く途中の舟の中で永眠したのであります。時に五十七歳の秋十一月であった。

地上に於ける最も荘厳なる学問

「顧東橋に答ふる書」はそれより数年前、確か五十四歳の時であったと思いますが、匪賊の討伐に出陣する直前、故郷余姚《よよう》の山紫水明の地で病を養いかたがた教学を楽しんだ際に、顧東橋の手紙に答えて所見を述べられたもので、その最後の一章が抜本塞源論であります。

よくもあの病軀を引っ提げて、あの艱難辛苦《かんなんしんく》を極めた経歴の間にあれだけの学問・講学が出来たものであります。彼の文を読み、詩を読み、門弟達との間に交わされた問答や書簡を読み、或いは政治に対する建策、匪賊討伐の際の建白書といったものを読みますと、本当に何とも言えぬ感激に打たれるのでありまして、人間にこういう人がおるのか、又人間はこういう境地にあってこういうことが出来るものか、ということをしみじみ感じます。それだけに、流行思想や評論の対象になるような人物でもなければ、学問・思想でもない、実に深刻で霊活《れいかつ》と言いますか、限り無い感激のこもったものである。正に地上に於ける最も荘厳《そうごん》なる学問であり、文章でありまして、これ以上の人物・業績・学問は考えられない、そういう気が致します。

一摑一掌血・一棒一条痕

その先生の人物・学問を最もよく表わす、感激のこもった言葉を一つ二つ挙げますと、例えば一摑《かく》一掌血《しょうけつ》・一棒一条痕《じょうこん》ということを言われております。これはかつて先哲講座でお話したことでありますが、人間は一つの問題を把握したり、経験したりする時には、ふらふらした気持では駄目で、一度握ったら手形の血痕がつくくらいの、一本打ち込んだら生涯傷痕が残るくらいの、真剣で気合いのこもった、生命を懸けた取り組み方をしなければならないということです。

滴骨血

又、われわれの心に通ずる学問・修行というものは、滴骨血《てきこつけつ》でなければならぬと言う。これは日本にはありませんが、支那では少なくとも六朝《りくちょう》時代からある民間の伝承であります。ご承知の様に支那という国は昔から内乱がつきものでありまして、従って墓などもしじゅう荒らされて、どれが自分の先祖のものであるか分からなくなる。そういう時に、これが自分の先祖のものだと思われる骨に自分の血を滴らせるわけです。

そうすると、若《も》しそれが本当に自分の先祖のものであれば、血が骨に滲《し》み通るが、他人の骨であれば弾《はじ》くと言う。実に深刻な伝承でありますが、陽明は、われわれのお互い相伝える学問・修行も丁度それと同じことで、師は自分の血を弟子の骨に注ぎ込み、弟子は又それを弾かずに吸い込むもの、つまり学問・修行というものは心血を心骨に注ぐものであり、血を以て教え学ぶものであると言うわけです。これが陽明の所謂、滴骨血の学問であります。

(昭和四十六年九月十八日・王陽明先生生誕五百年記念大会)

其の二

陽明学との出遇い

東京におりまして、日々何とも表わしようもない紛糾の中に明け暮れ、心を暗くしておったのでありますが、先程来穆《ぼく》々たる古式の祭典に連なり、又ご参会のみなさんに接して、文字通り感慨無量なるものを覚えます。

考えてみますと、私が陽明学という言葉を初めて知りましたのは、まだ小学校の幼少の頃でありました。当時生駒に、みなさんもご承知の岡村閑翁先生がおいでになりまして、私の兄も教《おしえ》を受けておったのでありますが、その岡村先生が陽明学というものの大家であられる、ということを耳に致しましたのが、私が陽明学という言葉を知りました最初であります。そして陽明学とは一体何だろう、と子供心に感じました。もとより何も分かろう筈がありません。ただこの言葉は何故か深く脳裡にとどまりまして、今日の私の存在の一つの道標になったと思われるのであります。

縁というものは不思議なものでありまして、先年岡村先生が学を講ぜられました生駒の地に記念碑が建つことになりました節《せつ》、はからずも土地の人々から、私に碑文を書けということで、謹んでお引き受けし、又拙いながらこれを書しまして、除幕式には兄（堀田真快高野山真言宗管長）と共に参列したのでありますが、本当に人生というもの、人間というものは不可思議なものであります。今日のこの王陽明先生生誕五百年記念大会にしてもそうでありまして、配布されたパンフレットを見ますと、主催として関西師友協会を始め、各地師友会・藤樹書院・大塩中斎先生遺徳顕彰会等々たくさん名前が竝んでおりますが、そもそもこれらの人々によってこういう式典や講演が行われるということそのものが不思議でありまして、そこに何か神秘といった感すらするのであります。

さて、私はこの岡村先生が教学を残された土地を去って上京し、高等学校にはいりました時は第一次大戦の最中でありました。何分田舎の中学出の素朴な青年が、初めてと言ってよい様な西洋の学問に触れたのですから、しばらくの間はやれ論理だ、心理だ、哲学だ、法学だ、というようなものに夢中になって勉強しておりました。

ところがそのうちに、何と申しますか、しばしば空腹とでも言うべき飢《うえ》を精神的に感ずるのです。そういう時に何ということなく殆ど偶然のように取り出すものが、常に少年時代に読んだ国典・漢籍でありました。そうすると丁度空腹の時に何か美味しい物を食べたような満足感を覚えました。一体これはどういうわけだろう、と自分でも考えたのでありますが、まだそれを解決する力はありませんでした。

ところが年を逐《お》うと共にその感じが一層深刻になりまして、どうやら西洋の学問・教学というものと、東洋のそれとの差違が少しずつ分かるようになりますと、それにつれてますます真剣に中国や日本の先哲の学問・人物に心を傾けるようになりました。そうして又新たに、今度は自発的に、陽明学とは一体何であるか、ということを考えまして、藤樹先生を初め有名な陽明学者と言われる人達のことを意識的に勉強し始めたのであります。が、何と言ってもその淵源《えんげん》(みなもと）は王陽明先生でありますから、その学問・人物を青年の純真な気持で本当に真剣に研究し始めました。これもやはり岡村先生のご縁というものが大きく活きたものであると信じております。

青年時代の記念塔『王陽明研究』

やがて私は陽明先生の学問・人物というものによって生涯消え去ることのない肝銘を与えられ、大学を出ます時には、自分のひそかな学問の記念として先生の伝を起草して置きたいと考えまして、一所懸命何百枚かの原稿を書き上げました。

ところがこれが又人間の不思議な縁というもので、かねて知己の一人でありました出版家がこれを読み、是非一冊の書にして刊行しようと言ってくれまして、はからずも私が大学を出ますと同時に、『王陽明研究』として世に出ました。この書が又思いもかけず多くの人々に読まれまして、未《いま》だにそれが続いておるようであります。

当時の思い出としてこういう事もありました。まだ大学を出て間もない頃でありましたが、当時日本の海軍のみならず、心ある人々から畏敬と信望を一身に集めておりました、八代《やしろ》六郎海軍大将と相知ることが出来まして、一夜、食事を共にして話そうということで、お招きを受けてお宅へ伺ったことがあります。もうその頃は将軍は海軍大臣をやめられて、確か枢密《すうみつ》顧問官をされておったかと思うのでありますが、なかなか博学熱烈の人で、しかも大変な酒豪でありましたから、いろいろ話がはずみまして、私もおこぼれを頂戴しながらそれを謹聴しておったわけであります。

そのうちにだんだん酔いがまわって参りまして、ゆくりなくも話が陽明学になった。ところが滔《とう》々として講義されるのを承っておりますと、どうも少し私の考えておるところと違う点がある。つい私も若気の至りで、〝将軍、先程来承っておりましたが、少々異存がございます〟と言ってしまった。それで将軍も〝どこが異存だ〟というわけで、とうとう大変な議論になってしまいました。

そうしてたまたま私が手洗いに立ちましたところが、廊下で奥さんが待っておられまして〝もう十二時を過ぎましたし、それにお酒も五本目が空きました。主人は若い時は独りで五升は平らげましたが、何と言っても近頃は年でございますから、今夜のところは一つお引き取り願いとうございます〟と言う。私も恐縮して座に戻ると早々〝えらく今夜は失礼しました。この辺でお暇《いとま》します〟と申しましたところが、将軍は睥睨《へいげい》一番〝逃げるか〟と言われるので、〝これはしたり〟と思いましたけれども、奥さんの手前居座るわけにも参りません。側から奥さんも仲にはいって〝あなた、何をおっしゃるのですか……〟というようなことでさすがの将軍も断念したと見えて、一週間後に再び会おうということで別れました。爾来《じらい》、将軍並びに日本海軍と私との深い縁が結ばれたのでありまして、これも陽明学の取り持つ縁というものでありましょう。

縁尋の機妙

人間の縁の広がりによる働きの不可思議なことは到底浅はかな智慧では計り知るべからざるものがございます。これを専門的な言葉で縁尋《えんじん》の機妙《きみよう》と申します。例えば古本屋へ立ち寄ってもそうであります。平生《へいぜい》勉強しておらなければ何も目につきませんが、何か真剣になって勉強しておる時には、何千冊竝んでおっても、それに関連のある書物は必ずぱっと目にうつる。これが所謂縁尋というものです。

だからそれが目にはいらないというのは、自分が呆けておるか、真剣に勉強しておらない証拠である。これは事業をやるような場合でも同じことでありまして、誰か自分を助けてくれる者はおらぬか、と本気になって人材を求めておれば、いつか必ず誰かにぶっつかるものであります。だから一生友達を持たぬなどという人間は、余程の馬鹿か、鈍物でありまして、これは真剣に生きておらない一つの証拠であります。

今度明徳出版から刊行される「陽明学大系」十二巻にしてもそうでありまして、これを計画した時は全く生誕五百年などということは意識しておらなかったのですけれども、それこそ縁尋の機妙で期せずして同時になってしまったわけであります。

しかもその第一巻の巻頭に私が序文と先生の伝を書かねばならなくなったのでありますから、いよいよ以て縁尋の機妙というものを感ぜずにはおられないのでありまして、大学時代初めて『王陽明研究』を書きました時には、まさか五十年後にそれが縁で、しかも縁のある人達によって刊行される本場の中国にもない「陽明学大系」十二巻の巻頭に、序文を書き、又再び先生を伝することになろうとは、如何な想像力を以てしても考えもしないことでありまして、文字通り感慨無量であります。

そうして私は堆《うずたか》い参考文献を渉猟《しょうりょう》しながら、次第に筆を進めて最後の舟中に於て息を引き取られるところに到った時でありました。ご承知の様に先生はあの広東・広西に起こった匪賊の内乱を鎮定して、凱旋《がいせん》の途中の舟の中で永眠されるのでありますが、その時、側に侍《じ》しておった周積という弟子が、〝何かおっしゃることはございませんか〟と訊《たず》ねたのに対して、先生はかすかに笑《えみ》を浮かべながら、〝此の心光明、亦復《ま》た何をか言はん〟というあの名言を遺《のこ》して静かに瞑目《めいもく》されました。

私は叙《じょ》してそこに到って、何故か潸然《さんぜん》として涙が下りました。他国人である日本の老書生が、然も五百年前の人を伝して、涙が下るというのは一体どういうことか。人の心の微妙というものは時間もなければ、空間もない、人種・民族もない。そこにあるものは脈々として伝わる天地・人間を貫く不思議な生命というものであり、精神というものであり、神霊というものである。私は静かにそういうことを考えながら、又新たに良知ということを発見したと言いますか、会得したような気が致すのであります。

そういうことで先刻来、霧の如く千万無量の感慨・感想が湧き起こって、何から話してよいのか実は困っておる様な状態でありまして、どうにも始末がつきません。そこで思いつくままに二、三お話しすることに致したいと思います。

新しく発見された「日本正使、了菴を送るの序」

これも亦縁尋の機妙の一例でありますが、先程触れました「陽明学大系」の第一巻が出ますするに当たって、偶然王陽明全書にも出ておらない先生の文章・真蹟が発見されました。それは伊勢の神官の一人が持っておったものでありますが、正徳五年、先生四十二歳の時に書かれたもので、一巻の巻物になっておりまして、「日本正使、了菴《りようあん》を送るの序」という題がついております。

丁度日本では足利末期に当たりますが、たまたま日本の遣明使《みん》の一人で了菴桂《けい》悟《ご》という禅僧が越《えつ》に参りまして、そこで陽明先生に遇ったわけです。了菴はもう相当の老僧であったらしくて、先生は文章の中に「歳、上寿を過ぐ」と書いておりますが、左伝などには、上寿は百二十歳、中寿は百歳、下寿は八十歳としております。道家の方ではどういうものかそれよりも低く勘定しておりまして、上寿を百歳、中寿を八十歳、下寿を六十歳としております。何《いず》れにしても上寿を過ぐと言えば、大変な年でありますが、確か了菴は八十を越したくらいの老僧であったと思われる。

先生はこの老僧を見て、人品と言い、言動と言い、教養と言い、実に見事で立派であるのに感じて、大いに激賞すると共に、時の僧侶もこうでなければならぬ、ということで真実の出家の条件を列挙して、これにかなわぬ者は要するに税金を逃れたり、労役を免れたりするためのごまかしに過ぎぬと烈しく論じておる、実に興味深い文章であります。

この巻物は転々として九鬼《くき》男爵家に伝わり、珍しいというので幾巻かこれを刷り物にして同好の士に頒《わ》かった。ただ少し傷《いた》んでおるのが残念でありますが、これもそれこそ縁尋の機妙で、求めておれば必ずどこからか又一つ完全なものが出てくるであろうと思われます。

こういうものを見ておりますと、本当に生きた陽明先生や了菴和尚に会う様な気が致します。斎藤拙堂がこの巻物を見て――恐らく鑑定を頼まれたものと思われますが――「字畫穏秀《おんしゅう》、神彩奕《えき》々、其文暢達《ちょうたつ》」と一見して真筆であることに疑いないと断定しておりますが、兎に角「陽明学大系」の第一巻の巻頭にそれを入れることに致しました。誠に不思議な縁でございます。

心印語録

陽明先生の生涯を通じて最もうたれることは、真剣に身心の学問・求道に徹した人だということであります。それが先生の天稟《てんぴん》を養って、学問に於て、教育に於て、行政に於て、或いは軍政・軍略に於て、行くとして可ならざるなしというような自由自在の驚嘆すべき業績となっておる。しかも先生自身は左様な天賦や事績を何とも思っておらない。ごく普通のこと、自然のことと考えて、それこそ道元禅師の身心脱落、脱落身心の言葉の通りであります。

今、その先生の徹底した思索・悟道の片鱗をテキストによって窺《うかが》うことに致します。

天下の事、萬變と雖も、吾が之に應ずる所以は喜怒哀樂の四者を出でず。此れ學を爲すの要にして而て政を爲すも亦其の中に在り。

これは先生の弟子で、又立派な官吏でもあった王純甫に与えた手紙の中の言葉であります。

天下の事は数限りなく変化があるが、われわれがそういう様々の問題を経験するに当たっては、それを如何に喜び、如何に怒り、又如何に哀《かな》しみ、如何に楽しむか、という四つの心の持ち方、行《ぎょう》じ方を一歩も出るものではない。これが学問を為すの要であって、政治もつまるところはこの四つに帰する。実に徹底した体得であります。

山中の賊を破るは易し。心中の賊を破るは難し。區々が鼠竊《そせつ》を剪除《せんじょ》せしは何ぞ異と爲すに足らんや。若し諸賢心腹の寇《こう》を掃蕩して以て廓清《かくせい》平定の功を収むれば、此れ誠に大丈夫不世の偉績なり。

天下周知の名文句であります。先生が匪賊討伐の実績を挙げて識者の驚嘆を博し、弟子も感激して沢山手紙を出しておりますが、これは薛尚謙《せつしょうけん》という弟子に与えたその返書の一筋でありまして、本当にその通りであります。

槨は埻の間違い

ところで今度、再び陽明先生を伝するに当たって、先程申しました「日本正使、了菴を送るの序」の一文が新しく発見されました外に、一、二訂正して置きたいことがございます。

その一つは、先生の陽明という号に関係のある陽明洞の洞の解釈であります。私も久しくこれを所謂洞穴の洞だと考えて、その中で坐禅をしたり、書を読んだりしたものだろうと思っておりました。

ところがだんだん文献を調べておりますと、あの越の会稽《かいけい》の地方一帯は岩壁の絶景が多くて、中には自然の洞になったところもあるが、到底その中で坐ったり、本を読んだり出来るような場所ではないということが分かりました。恐らく先生はこの辺の景色を愛して、しじゅう室を出られては散歩されたということでありましょう。

又、竜場に流謫中、居室の後ろに石をほって槨《うわひつぎ》を作り、そこで決死の思索をされたというのでありますが、恐らくこれは棺桶の意味の槨ではなくて、自然に出来た人目につかぬ岩のくぼみを表わす、土偏の埇の間違いであろうと思われます。

この辺は岩の景色の多い所でありますから、自然に風雨も避けられ、人目にもつかず、静思黙想するのに都合の好い場所もあったと思われるのでありまして、そういうところにわざわざうわひつぎを作って静坐するのは、如何にも手がこみ過ぎて不自然であります。私も前からそれを考えぬでもなかったのでありますが、今度はっきり致しました。

兎に角こういうところから見ましても分かりますように、先生に於ては、役所に在って政務をとる時も、陣中に在って匪賊を討伐する時も、到るところが学問・講学の場であった。法華経の如来神力品に、到る処みなこれ道場であるから塔を起こして供養すべし、という有名な言葉がありますが、先生は正にその通りでありました。

そうなると儒教も仏教も皆同じことです。先程神道の話が出ましたが、それこそ惟神《かんながら》の道であります。或る時など、野営して夜遅くまで学を講じ、夜が明けて弟子が挨拶に行くと、もう先生は先鋒を率いて進発しておった。実に自由自在と言うか、これこそ真の活学というべきものであります。

真の正学に鍛えられた人材の出現こそ急務

今日の時局に最も大事なものはこの活学です。

真に活きた正学によって鍛えられた人材が出なければ、やがて日本に恐るべき混乱と暗黒の時代がやってくることを覚悟しなければなりません。然し時局がそういう風になって参りますと、時代・人心というものは自ずから霊妙なものがありまして、人々は意識しないけれども、何か真剣で真実なものを求めるようになる。これが良知というもので、人間である以上誰もが本具するところであります。

致良知とは、その良知を発揮することであり、それを観念の遊戯ではなくて、実践するのが知行合一《ちこうごういつ》であります。時代・民衆は自ずからそういうものを求める。そこで陽明学が自然に囁《ささや》かれ、又期待されるのであると信ずるのでありまず。従ってそれだけに、軽々しくジャーナリズムの対象になる様なものではないのであります。

もっとも陽明学も支那に於きましては、末流になるにつれて随分余弊《よへい》もありました。ニーチェやキェルケゴールにしてもそうですね。一方に於て驚嘆すべきものがあると同時に、一方に於ていろいろ余弊が出ております。余弊が出るのは学問の道に限りません、何の道も同じことであります。ところが幸いにしてわが日本に於ては、少なくとも陽明学に関する限り余弊等というものは全然ない、と言っても過言ではありません。この点は日本民族のために、又日本の教学のために、われわれは大いに慶賀するところでありまして、それは何故であるか、ということはみなさんも自然にお分かりと思います。

ところがそういう時に、その反論としてよく大塩中斎が引合いに出されます。けれども中斎という人は決して皆が考えておるような人ではなかった。これは殊に大阪のみなさんは、菩提寺の成正寺もありますし、随分『洗心洞劄記《せんしんどうさつき》』も講ぜられたことですから、とっくにご承知のことと存じますが、凡そ功名富貴など念頭にない人でありまして、それだけに叛乱を企てるなどということは到底考えられない。ただ少々癇癪《かんしゃく》持ちで、その癇癪が激発したに過ぎないのでありまして、その激発も無理からぬことと思われるのであります。

と言うのは中斎は大坂の与力、つまり司法警察の一番の責任者であって、実に立派な業績を挙げた人でありますが、たまたま天保の大飢饉に遇って、当時の記録によると、大坂から京都へかけて五万六千人の餓死者が出たと言うのですから、まあ、大変な飢饉であったのですが、中斎はそれを救おうとしていろいろ画策するわけです。ところが時の跡部《あとべ》山城守という奉行がそれをやっかんで、事毎に妨害・迫害をやるものですから、遂に中斎も癇癪玉を破裂させたというわけであります。だから決して謀叛だの、叛乱だのというものではない。中斎という人は、名利など眼中にない、真剣な求道者であります。

従って陽明学というものは、動機の純真を旨として結果の如何を問わない危険な、赤軍派だとか、革マル派だとかいうような連中の喜びそうな思想・学問では決してない。私は今日のような行事が機縁となって、純粋な学問・正学が日本に本当に復興して、時代の要請する新たなる真剣な人材が今後輩出することを切望するものでありまして、それでなければ日本は救われない。この正月、辛亥の干支学的意義をお話した時にも申しました通り、来年・再来年はもっと恐るべきことになると思われますだけに、こういう催しの暗に意味するところ誠に深甚なるものがある、と同時にこれこそ民族の良知の一つの作用である、と斯様《かよう》に考えられるのであります。

啾啾吟

浩気　太虚に還《かえ》り
丹心　萬古を照す
生前　未だ了《お》へざりし事は
後人に留与して補はしめん

（明）楊椒山

文明ではなくて、文迷・文冥の世の中である

さわやかな秋になりましたけれども、世の中には余りにも不愉快なことが多過ぎるので、今夜は溜飲の下がる詩でも読んで、みなさんと共に楽しみたい。そういう気持から改めて陽明先生の啾啾吟《しゅうしゅうぎん》をご紹介致したいと思います。従って先程のように、真剣に改まってご挨拶をされると少々困るのでありま す。大体私の『王陽明研究』などは、大学時代に楽しみに書いたもので、それを、大分変わった人がおって、親切に出してくれただけのこと。従って今から見ると、誠にお恥ずかしいもので、名前を挙げられると内心ぎくりと致します。今書けばもっと深いものを書くのですが、だんだん書けなくなってそのままになっております。

さて、世の中が頗る《すこぶ》面白くない、という様なことが啾啾吟にも詠《うた》ってありますが、実際その通りの面白くない現実で、心を暗くするばかりであります。世を挙げてレジャーであるとか、バカンスであるとか言って、楽しんでおると言うか、好い気になっておると言うか、兎《と》に角《かく》こういう時代は、ちょっと近来に類を見な

いでありましょう。

なる程いかにもわれわれは文明をエンジョイしております。しかしその文明をつくり上げるのに最も力のあった科学の世界から、科学者の中の先覚者達が次第に今日の文明というものを疑い懼《おそ》れるようになり、これを警告する声が高く且つ深刻になって来ております。それらの人々の警醒の論を注意しておりますと、文明の明という字がだんだんと変わって来て、迷という字になって来た、或いは「冥《めい》」とも言えましょうか、つまり文明というものが、次第にわけの分からぬものになって来たと言うのであります。

これについてはみなさんもよくご存知のことですから、今更くどくは申しませぬが、日本が戦争に負けて、平和を回復して、さてこれからの日本を営んでゆくには民主主義に限るとアメリカに教えられ、ご尤《もつと》もということになって今日までやって参りました。

しかしその民主主義も、かつてフルシチョフが「自由民主主義が破れて、即ち資本主義体制が倒れて、共産主義体制になるのは歴史的必然だ。われわれはこの確信に基づいて一日もはやく資本主義体制を埋葬してやるのだ」という様な啖呵《たんか》を切り、今度は、こんなことでは本当に民主主義の破滅である、と民主主義陣営の中から、盛んに言われる様になって来ておるのであります。

そこで、それでは共産主義陣営だけに凱歌《がいか》があがっておるかと言うと、なんぞ知らんこの陣営に於ても、一体共産主義とはなんぞや、という議論がやかましく言われ出して、やれ教条主義であるの、やれ修正主義であるのと、しまいには北京とクレムリンの間に、激論からだんだん憎悪にみちた喧嘩にまで発展して参りました。

アメリカでは、みなさんもご承知のようにいろいろの議論を押し切って、共産陣営に対抗して、アジアの自由と平和を確保する、というので随分犠牲を払ってアジア各国、特に極東から東南アジアにかけて尨大《ぼうだい》な梃子入れをしておりましたが、しかしこれが到る処失敗で、例えばラオスなど明白にその失策を暴露致しました。連立の中立政府は殆ど共産勢力に圧倒され、一時は戦争すら起こしかねまじき勢いでありました。

ベトナム仏僧の焼身供養

ベトナムも甚だ振わず、ゴ・ジンジェム政権の如きは沙汰の限りの内紛を暴露してしまいました。ご承知の様にベトナムは仏教国で、国内人民の大多数を信徒に致しておりますが、その仏教徒と紛議を生じ、クワンドックという七十三歳の老僧が焼身自殺をして、それに又多くの人々が続くという、二十世紀の今日にまだこんなことがあったか、と思われる様な惨劇を演じてしまいました。

これには私も非常な衝撃を受けました。私の受けた衝撃は少し人と違っておりまして、まだ今日の仏教徒にこういう厳粛と言うか、徹底した行《ぎょう》が残っておったか、まだこういう仏法が今日に存在しておったかという感歎であります。この焼身自殺ということは、これは自殺ではなくて、供養であります、焼身供養であります。

私はこの正月から照心講座でインド仏教の東漸《とうぜん》について話をしてきました。即ちインド仏教が中国に伝来した時の中国の社会的な実相からはじめて、老荘思想との交渉融合、それに続く禅の勃興、それが唐・宋を経て如何にして宋・明の学になるか。その過程の説明をしようとして、今唐に入ったところでありますが、その中国仏教は禅を抜きにしては考えることが出来ませぬ。

ご承知の様に、禅は達磨によってはじめられたもので、その達磨は梁《りよう》の武帝の頃に中国に来たと言われております。支那の歴史は南北朝から三国時代を経て晋《しん》になり、それが北方勢力に圧迫されて揚子江を越え、南に宋・斉・梁・陳《ちん》という風にあわただしい革命騒乱を繰り返してゆくのでありますが、その梁代の仏教をお話しておる時に私が感動した一つの問題がある。

自殺ではなくて供養である

それは梁の頃に満という一法師がおりまして、法華経を講ずること百回、その百回の講を終った時に、この満法師が焼身供養というものを現実に実践しておるのであります。そうしてそれまで二十七品《ほん》であった法華経の、第十二品に提婆達《だいばだつ》多品《た》というのを加えて、今日の如く二十八品にしたと言われている。提婆は釈迦の従兄で、英才ではあったが根性が悪く、生前大いに釈迦を苦しめた。そのために死後地獄に落ちたが、猛火に焼かれて、その贖罪《しよくざい》（罪をあがなう）によって成仏して天王如来となる。

法華経の中でも一番深刻な場面でありますが、私はこのことを知った時に、こういう真剣な功徳《くどく》、或いは供養というものが、本当に人間にあったのかと、又こういう徹底した深刻な修行があったればこそ、中国の仏教が興ったのだとしみじみ感じたことであります。

処《ところ》がはからずもベトナムに於て、この焼身供養がクワンドックという老僧によって行われたのであります。世間の人々はこの老僧を、ビルマやタイ国あたりにごろごろしておる、教養のない乞食坊主の様に思っておりますが、然《しか》し決してそういう人ではない。観音寺という立派な寺の住職で、日本で申せば、身延山《みのぶさん》とか大石寺《たいせきじ》とか、或いは増上寺とか誕生寺とかいうような門地の高い寺の法主《ほっす》であります。

もし日本でこういう名刹《めいさつ》の法主が焼身供養をすれば、それこそ大変な騒ぎとなるでありましょう。実に厳粛極まるもので、ハンガー・ストなどという様な宣伝的なものとは全然違うのであります。

但惜身命なるが故に不惜身命である

こういうことが仏法がはじめて興隆して来た梁の頃に実際に行われたのであり

ます。誠に身命を惜しまざる、捨身の求道であった。仏教から言うならば、道というもの、法というものは、なにものにも代え難い尊いものであって、その尊いものを求め行ずるためには、この身この生も惜しまない。それくらい法というものは尊いものである。

「但惜身命《たんじやくしんみよう》」ということがある。その尊い法を求め行ずるが故に身命を惜しむのである。又しかるが故にこそ、この空しき身命の如きは問題ではない。これを「不惜《ふしやく》身命」と言う。

但惜身命なるが故に不惜身命である。身命を惜しまずしてただ法を求むるのである。求むるが故に身命を惜しむのである。まるで矛盾律の様であるが、民を済《すく》うという悲願のために、求道という大願のために、徹底して身命を惜しむ。徹底して身命を惜しむが故に、徹底して身命を惜しまない。そうして焼身供養したクワンドック老師。隋唐六朝《りくちよう》の昔にその例があったけれども、そういう厳粛な仏法が、今の世に、ベトナムの地にあったかと思うと、ただもう感歎感動するばかりであります。

それでそのことを話したり書いたりしたのでありますが、その後この八月の末に、請《こ》わるるままに身延の本山に参り、一山の僧侶や学生に、日蓮上人のやられた鎌倉時代の立正《りっしょう》安国ではなくて、現代の立正安国とはどういうことか、ということについて約四時間に亘ってお話を試みました。たまたま立正大学の久保田正文教授も来ておられて、話をしておったところ、久保田教授はサイゴンでこのクワンドック老僧に会われたそうであります。その時彼の話によると、自分は観音寺の住職であるが、常に法華経を行じておると申しておったそうであります。私はそれを聞いていよいよ感を深くした次第です。

処が今の日本人はそういうことを全然知りませぬ。それに事もあろうにゴ・ジンヌーという大統領の弟の奥さんが、これが又外国によくある美人で利発で、名誉欲・権勢欲の化身の如き女です。

その点私は日本婦人のために多とするのであるが、日本の婦人は総じてみなやさしく、名誉欲・権勢欲の亡者はおりませぬ。源氏の政子にしても、外国のそういう婦人に比較すれば実にやさしいものであります。外国には男性などの到底かなわぬ様な権力亡者女性が沢山おる。その一番の代表が則天武后《そくてんぶこう》だろうと思うのですが、これは権力支配のためには吾が子をも物の数としなかった人であります。皇后となるために自分の可愛い子供を殺し、又皇帝となるために子供の皇帝を追放し、多くの人間を殺戮《さつりく》した。小説にでも書けば、ドストエフスキーなども手をあげる様な作品が出来上がると思うが、書き難いと見えて誰も書くものがおりませぬ。そういう複雑限りない婦人でありますが、外国にはこれに似た婦人が沢山あります。

ゴ・ジンヌー夫人はどういう人か私は知りませぬ。かねて噂は聞いておりましたが、坊主のバーベキューという様な批評をするなどということは、それを又面白がって取り沙汰するものもするものですが、東洋人としてこれくらい不愉快な話はないと思う。

どこを見ても心を暗くするばかりである

処がこういう問題になると、こういう問題について、一体日本はどういう風に考えるかというようなことになると、政治家も評論家もぐうとも言わぬ。そのくせ所得倍増がどうの、株式がどうのという様なことになると、それこそいきりたって議論をする。アジアの先覚だとか、世界の三本柱だとか言っておる日本が、このことについて一言も言わぬのは何事か、私なども大分けしかけられたが、私が何《なに》を言ってみたところで、日本の代弁にはなりませぬ。

そのうちに今度はシンガポールで道路工事をやっておったところが、終戦時日本軍の虐殺にあった華僑の白骨がぞくぞく出て来た。そこで急に昔のことを思い出して、日本に対する憎悪と反感が再び燃え上がり、一体これをどうしてくれるのかということになって来た。最早《もはや》賠償の済んだ後のこととて、政府もなんとか慰問くらいでごまかす心算《しんざん》（つもり）であったが、なかなかそれくらいではおさまりそうにない。向うの李という首相がやって来た時に、日本から病院を寄附しよう、が、それでは金額が少ないからというので、マラヤ開発のための優れた工業大学を建設しようではないか、という様な話も行われておるうちに、すべてがうやむやになってしまい、白骨の祟《たた》りが益々深刻になるばかりであります。

そうして今度は、ビニロン・プラントの中共への輸出の問題が物論ごうごうとなって来ました。しかもそれは貿易の話ではなくて、日本の道徳問題になって来ました。今まで公然となにも言わなかった国民政府側も、余程腹が立つと見えて、一体日本は義を知るのかどうか、と言ってかんかんに怒ってしまっております。あの終戦の時蔣総統は、暴を以て暴に代えるということはよくない。われわれは「怨《うら》みに報いるに徳を以てせよ」という教えを実践しなければならぬ、と言って日本軍との決戦を避けた。しかもソ連や中共と反対に、百万の日本の軍民を丁重に送還したのです。

あのカイロ会談で、スターリンが天皇制を排除しようとした時に、まっさきに反対したのも蔣介石であります。又スターリンがソ連軍を日本に進駐させようとした時にも反対してくれました。それもただの反対ではソ連も納得しまいというので、中国軍の駐屯も止めて、ソ連をしてそれ以上主張出来ない様に仕向けたのであります。こういう風にあらゆる善隣としての情誼をつくして来た。あれだけ犠牲を払い、あれだけ国土を蹂躙《じゅうりん》されながら、賠償も放棄して、尽し得る限りの友誼《ゆうぎ》を尽して来た。それを日本人はなんと思っておるのかというわけです。誠にどうもわれわれ日本人としては嫌な話になって来たものであります。

一衣帯水《いちいたいすい》のお隣りの韓国も、朝に夕をはかられぬ変転振りで、今後どういうことになってゆくか。日韓会談も立ち往生の有様です。その他どこを見ても不愉快なことばかりであります。到る処「啾々」であります。

陽明の身体から迸り出た詩

さてこの啾啾吟というものは、本当に王陽明の身体から迸《ほとばし》り出たもので、尋常一様の詩人などの作品ではありませぬ。陽明の出たのは明代の中葉からやや下がった時代、明の政権がようやく不安・動乱に陥《おちい》りだした頃であります。日本では足利時代の中期、義政の晩年から後につづく時代。西洋史で申しますと、丁度コロンブスが帰って来て騒がれておった時代、スペインやフランスの盛んであった頃であります。

陽明という人は、哲人としても政治家としても、学者としても詩人としても、或いは又文章家としても、可ならざるなしという卓越した人でありますが、しかしそれ以上に忘れてならぬことは、そういう能力よりも前に、人間として実に真剣な求道者であったということであります。

この人、二十七歳の時に地方に出張して落馬し、胸を打ってから肺病になった。しかしそれを物ともせずに学問をし、政治に当たり、教学につとめたのであります。殊に晩年には、その病軀《びょうく》を押して内乱の鎮定に当たり、熱や咳を出しながら、自分の身を焼きこそせね、本当に病軀を捧げて、それこそ国民・生民のために供養したのであります。

丁度今日の江西省を中心に寧王宸濠《ねいおうしんごう》という王族が叛乱を起こした。この時、胸のすくような作戦と機動力を以て、わずか旬日にして内乱を鎮定した。その見事な戦略戦術の実践の跡を、陽明の遺著によって詳細に研究し、請《こ》わるるままに八《や》代《しろ》海軍大将に紹介したことがあります。

将軍は人も知る戦術の大家でありますが、その大家がこれを聞いて、「今日の戦略眼から言っても実に敬服すべき偉大なものだ」と言って感歎しておられました。

これはまあ余談でありますが、宸濠の本拠は江西省の南昌というところであったが、叛乱が起こった時陽明は丁度その近くに出張しておった。そこで叛乱の報告を聞いて、すぐにこれに対する応戦の会議を開いた。その時陽明はこういう想定をしております。宸濠がもし英雄であったならば、先ず一番に動揺する脆弱《ぜいじゃく》な首都北京を直接攻撃するであろう。その時には天下は大乱となる。しかしこれは余程の英雄的機略を要する。もしそれ程の英雄性がないとすれば、必ず揚子江に沿うて東進し、先ず南京をとるであろう。もしそうなれば天下の半《なかば》は乱れて、容易に鎮定することが出来なくなる。

しかし自分の見るところ、この宸濠というのは頭は良いが、虚栄心の強い坊ちゃんで、少しも度胸というものがない。人間の出来ておらぬ所謂軽薄才子であるから、そういう冒険も敢えてしないであろう。恐らく自分の本拠地に腰を据え、部下の将軍をその辺の要所に派遣して、気勢を上げる。そうして状況情勢を観察するという態度に出るであろう。そうなれば簡単に始末をつけることが出来る。こういう三つの想定をしております。果せるかな宸濠は陽明の観察通り英雄ではなかった。本拠地の南昌に腰を据えて、その辺にちょこちょこと軍隊を派遣しては虚勢を張る。全く陽明の予言通り一週間ばかりでかたがついてしまったのであります。

この陽明の観察に八代将軍も舌を巻いて感心したのでありますが、今度の日本の中国侵略にしてもそうであります。私共中国を研究したものから言うならば、勿論幾つかのやり方があったわけですが、原理はみな同じであります。処が日本にはそういうことを解するものがおらぬ。一番の下策愚策をとった。

あの中国大陸を海岸から攻めてゆくなどということは、三歳の小児のやる戦術で、そういう愚かなことをやって勝てる筈がない。こういうことを痛論すると、あいつは漢学が出来るから、支那が強いと思っている。日本主義どころか支那主義だ。なあに、日本軍が行けば三カ月で征服する、などとんでもないことを言った将軍もおった。負ける時というものは仕様がないものです。処が本当のことを言うと、アメリカもそうです。アメリカの政策を見ておると、正しく陽明の言う通り、宸濠と同じやり方をやっておる。これはアメリカの代々の当局に英雄がおらなかった、というなによりの証拠であります。

さて、余りに見事な戦績戦功を挙げたので、陽明を嫉《ねた》むものが出て来て、あらゆる方面から迫害を加えた。もう全く毀誉褒貶《きよほうへん》の的《まと》になってしまった。陽明も生命の危険もさることながら、徹底的に気をくさらせてしまった。しかしその結果、彼の信念・哲学・人物が大きな飛躍をすることになる。彼の心境一段の徹底・明朗を加えた。丁度陽明先生四十代の終りであります。その時に出来たのがこの啾啾吟であります。

だからこれは机の上の産物ではありませぬ、天下泰平の時の作品ではありませぬ、尋常一様の詩人、文学者などの作品ではありませぬ、これは血の出る様な一生の深刻な体験から迸り出た文芸であります。

啾啾吟

知者不惑仁不憂
君胡戚戚雙眉愁
信歩行來皆坦道
憑天判下非人謀
用之則行舎即休
此身浩蕩浮虚舟
丈夫落落掀天地
豈顧束縛如窮囚
千金之珠彈鳥雀
掘土何煩用鐲鏤
君不見東家老翁防虎患
虎夜入室啣其頭

知者は惑《まど》はず　仁（者）は憂へず
君胡《なん》ぞ戚々《せきせき》[1]として雙眉《そうび》[2]愁《うれ》ふるや
歩に信《まか》せて行来《こうらい》[3]すれば皆坦道《たんどう》
天に憑《よ》りて判下る　人謀《じんぼう》に非ず
之を用ふれば則ち行き　舎《す》[4]つれば則ち休す
此の身浩蕩《こうとう》[5]　虚舟[6]浮かぶ
丈夫は落々　天地を掀《あ》ぐ
豈に顧みて束縛　窮囚の如くならんや
千金の珠　鳥雀を弾じ（弾ぜんや、でもよい）
土を掘るに何ぞ鐲鏤《しょくる》[7]を用ふるを煩はさん
君見ずや東家の老翁　虎患を防ぐを
虎夜室に入って其の頭を啣《ふく》む（嚙む）

西家兒童不識虎
執竿驅虎如驅牛
痴人懲噎遂廢食
愚者畏溺先自投
人生達命自灑落
憂讒避毀徒啾啾

西家の児童は虎を識《し》らず
竿を執《と》って虎を駆《か》ること 牛を駆るが如し
痴人噎《えつ》に懲《こ》りて遂に食を廃し
愚者溺《でき》を畏《おそ》れて先ず自《みずか》ら投ず
人生命に達すれば自ら灑落《しゃらく》8
憂讒《ゆうざん》避《ひ》毀《き》徒《いたずら》に啾啾

註
1 憂うる様。
2 本によっては眉雙（眉ふたつながら）ともする。
3 来は助動詞で意味なし。
4 おけばとも読む。
5 ひろびろと霞んだ流れの景色。
6 無人の舟はそれこそ流れのままに自由自在である。よしそれにぶち当てられても、人がおらぬ故喧嘩にもならぬ。よって虚心坦懐、無私無欲に行うを虚舟に譬える（荘子《そうじ》や淮南子《えなんじ》に出《い》ず）。
7 名剣のこと。

8　灑《しゃ》は洗う、落はおおまか。汚れを洗ってさっぱりした様。

知者はなんの惑うところもない。仁者はなんの憂うるところもない。君はどうしてくよくよと眉をしかめておるのか。足にまかせて歩いて行けば、みな立派な道だ。なにも道が良いとか悪いとか、くよくよすることはない。大きな目で見ておれば、天がちゃんと審判をする。ああだこうだと人の謀《はか》るものではない。

ご用があるなら行って働きましょう。なければ休まして貰おう。この身はあの縹渺《ひょうびょう》たる流れの中に浮かぶ無人の舟の如きものである。達人は虚を以て世に遊ぶというが、虚心坦懐、なんの私利私欲も持たなければ、相手と衝突しても厄介なことにはならぬ。胸に一物があるからいざこざが起こる。

男たる者はその虚舟の如くおおらかで、屈託なく、宇宙大に生きるべきである。あれこれと物に束縛されて、まるで牢屋にぶち込まれて、手も足も出ぬ囚人の様になって暮らす、そういう暮らしは男たるもののなすべきことではない。格子なき牢獄という言葉が終戦後はやったが、自ら格子なき牢獄にとらわれておる人間が随分おる。

あたら人間、大丈夫と生まれながら、千金の珠で鳥雀を弾ずる様なことをすべきではない。土を掘るのに鐲鏤《しょくる》の名剣を使うような馬鹿はいまい。この大事な身体、この大事な自己というものは、つまらぬ問題に無残《むざん》につかうべきではない。どうも人間はつまらぬ事にこだわり過ぎて、何て馬鹿なことをやって、やきもきしているのだ。

ごらんなさい、隣家の老人は虎が出て来るのを心配して、それを防ぐのにきゅうきゅうとしておる。処が或る晩、虎がのっそり室に入って来て、その老人の首を嚙み切ってしまった。

それに反して隣りの子供は、虎というものを全く知らぬ。だから虎が入って来ても牛か犬の大きなのくらいに思って、竿をとってしっしっと追い立てると、虎はのそのそと去ってしまった。全く無心の致すところである。

これと反対の意味の熟語に黔驢《けんろ》というのがある。昔黔という地に虎が沢山おった。そこへ驢馬《ろば》が輸入されて来たが、虎というものを見たことがないので、虎の恐ろしさを知らぬ。虎も見たことのないろばをうさん臭く見ておった。そこで何もしなければよかったのに、なまじ虎を蹴ってしまった。そこで何だこんな奴！とすぐとびかかってがっぷりやってしまった。そこで柄にもない奴が、余計なちょっかいを出すことを黔驢という。まあ、この場合は違いますが、面白い。馬鹿がおって、或る時のどがつまった。それからというものは飯を食うこともやめてしまった。所謂羹《あつもの》に懲《こ》りて膾《なます》を吹く類である。愚なるものは溺れることを恐れて、溺れまい溺れまいとして却って自分から溺れてしまう。愚かなるもののよくやることです。

人生、命《めい》に達すれば自らさっぱりと又おおまかになる。徒に誰が言ったとか、言われはせぬかとか、いうようなことをがちゃがちゃ言うておるが、そういうけちくさいことはさらりと捨てて、天を信じ、天にまかせて、虚心坦懐、無心になって、自由自在にやってゆけば良いのだ。

ここに来るのには大変ですが、一吟一詠それだけで胸がすっとして、心が大きくなる。飯もうまくなり、人も憎めなくなる。この頃の日本人は何とけちくさいことでしょう。いや、そんなこともサラリと棄てましょう。

王陽明の源流——青年哲人 文中子

多言は徳の賊なり。
文中子

古典の意義

われわれは常に時と処《ところ》とに限定されて、狭い窮屈な遽《あわただ》しい生活をしておりますが、そういう中にあって古典に心をひそめる時には、われわれは時と処との限定を超越して、直ちに無礙《むげ》の世界に遊ぶことが出来るのであります。古典はこういう無限の楽しみや真の自由をわれわれに与えてくれるのでありますが、その上、古典は歴史のふるいにかけられて残ったものであります。歴史的評価に耐えてその生命を持ち続けるということは、これは容易ならぬことであります。

個人でもそうで、「歯徳《しとく》」という言葉がありますが、生きるということ自体一つの徳であります。人と人との交わりにしても、余程お互いに修養し、蘊蓄《うんちく》を持たなければなかなか長続きするものではありませぬ。

『論語』に、孔子が晏子《あんし》をほめて、「晏平仲、能く人と交わる。久しうして人能く之を敬す」と言っておりますが、「久敬《きゆうけい》」という言葉はここから出ているのであります。人と交わって、時が経つに従って人がこれを尊敬する。これは確かに偉い人に相違ないのであります。

兎《と》に角《かく》歴史の中に貴い価値をとどめて、末の世までも尊敬され、珍重されるというのは、実に貴いものでありまして、これは人であろうが典籍であろうが変りないのであります。又古典の中には人に識《し》られずして、極めて少ない識者がよくこれを珍重するものもあります。そういうものはそういうもので又深山幽谷の喬木《きようぼく》の如く、貴い価値があるのであります。

文中子の人と為《な》り

文中子《ぶんちゆうし》はどちらかと言えば、世人に知られずして、極く少数の識者の間に珍重されて来た人で、しかもこの人は年わずかに三十で世を去った人でありながら、その門下から支那四千年の歴史上最も偉大な文化の発展を実現した唐の革命創業に参画した多くの傑物を出したということで、又識者の注意をひいた人であります。その意味で日本の吉田松陰を偲《しの》ばしむるものがあります。

文中子の出たのは隋の時代で、その前が南北朝時代と言って、揚子江を中に南北二つに分かれ、南は宋・斉・梁・陳と興亡を繰り返し、北は後魏が東魏・西魏、更に又北斉・北周に分かれて、その間九朝五十二帝、その後を隋が一統したのであります。

その乱世の終りに、かつて周の勃興した山西省、黄河の支流汾河の畔に彼は生まれたのであります。一生世に出ることなく、読書・思索・子弟の教育に没頭して亡くなりました。名は王通、文中子とは弟子の献《ささ》げた諡《おくりな》であります。

文中子の意味

この文中子という諡が又意味が深いのであります。

凡《およ》そ人類の歴史は一面から申せば、文明文化の栄枯盛衰の興亡史でありますが、この文明文化に対して、自然の素朴な生命の営みのことを質と申します。それがだんだん発達して、そこから人間の生活、学問、芸術、文化といったものを生んで来るのであります。だから言い換えれば、自然の素朴な生命に対する一つの綾、飾り、木で言うならば、美しい花とか実《み》に該当するものが文であります。質は又素《そ》と申します。これはどちらかと言うと物の本質であります。われわれの本質・実体というものは、元来自然の素朴な生命力、又その営みでありますから、これが含蓄されて、その極く一部が種々な形をとって現われる。つまり潜在しておるものが顕在、顕現するわけであります。

例えば、このわれわれの肉体というものは、元来の本質である潜在的生命力の顕現でありますが、然《しか》しそれは極めて一部分に過ぎないのであります。丁度それは氷山の如きもので八割ぐらいが下に沈んでしまっているわけであります。

だからこの顕現実現している部分が潜在している部分のエネルギーをひどく消費するほど、体が命の負担になり過ぎるほど弱くなり、不健康になるのでありまして、力《つと》めて控え目であるほど生命としては健康なのであります。

これは何事によらず言えることで、社会的に言っても、本来の含蓄されておる能力以上の仕事をすると、直ぐ疲れて種々失敗をする。食事でも腹八分目と言いますが、二分の余裕を残しておく食べ方が一番良いのであります。知性の活動にしてもそうであります。

外面的論理的思惟などというものは、われわれの深い直観的な叡智に対して極く一部分であって良いわけで、勝ち過ぎると危険であります。こういう表面に出るところが文でありますが、従って文というものを余り末梢化しないで華やかなものにしないで、出来るだけ内に含蓄することが大事であります。

文というものをよく中に蓄えて、軽々しく外に出さない、これが文中ということで、こういう先生であるというので文中子であります。これから見ても如何に含蓄の人であったかよく判るのであります。決して軽々しく才能や知識を振り廻さなかった、所謂《いわゆる》奥ゆかしい人であったのであります。

この人の事蹟は、はやく世に湮滅《いんめつ》して、実は余りよく分からないのでありまして、著書も『文中子』という、孔子の『論語』に比せられる弟子の編集したものが残っているだけであります。門下から傑物を沢山出したと言いますが、その伝記も伝わっておりませぬ。又その『文中子』という書物の記事にも矛盾があって、例えば文中子の学んだという関朗なる人は、文中子より百年も昔の人であり、又教えを聞いたという李徳林は文中子が八歳の時に死んでおります。だから考証学者の中にはその存在すら疑う人がありますが、然し一方には、沢山の勝れた人々が殊《こと》の外、文中子を尊重しておるのでありまして、どうしても否定することが出来ないのであります。

王陽明は韓退之《かんたいし》と比較して、「退之は偉い人には相違ないが、要するに文人の尤《ゆう》(すぐれ者)なるものに過ぎない。文中子はそういう文章の人ではなくて、哲人と言うべき人である」と言って大いにこれを尊重しているのであります。

楊素、子に謂《い》はしめて曰く。盍《なん》ぞ仕へざるか。子曰く、疏屬《そぞく》の南、汾水《ふんすい》の曲《ほとり》、先人の弊廬《へいろ》の在る有り。以て風雨を避く可し。田有り。以て饘粥《せんしゅく》を具す可し。琴を彈じ、書を著し、道を講じ、義を勸め、自ら樂しむなり。願はくは君公、身を正して以て天下を統《す》べよ。時和にして、歳豊かなれば、則ち通や賜《し》を受くること多し。仕ふるを願はざるなり。

楊素は後に隋の政権を握った人でありますが、或る友人をして文中子に「どうしてあなたは出仕しないのか」と訊《き》かせた。すると文中子の言うには、「疏属（山の名です）の南、汾水《ふんすい》（山西省中部の川）の畔に親の極く粗末な家がございます。雨風を凌《しの》ぐことが出来ますし、田もあってお粥くらいはすすれます（饘は濃いかゆ、粥は薄いかゆであります）。そこで好きな琴を弾じ、好きな書物を書き、道を講じ、道義的生活を奨励して、そうして自ら楽しむものであります。どうか君公は己が身を正しうして、以て天下を統べて頂きたい。時世がよく秩序・調和を保って、稔りも豊かであれば、私は賜、即ち恩沢を受けることが非常に多いので、なにも仕えて食禄を得たくありませぬ」

と。

これは誠によくその気持を表わしております。私も生涯仕えずに、自由を通して生きて来たのでありますが、考えてみるとこれを読んだことも一つの原動力になっておるような気が致します。こういう考え方、生き方は一面弊害もありますが、又大きな意義もあるのであります。

勿論人間何かになりたがるということは、それ自体意義のあることでありますが、然しそれは決して第一義ではありません。成《な》る可《べ》く潜在的生命を全うする。言い換えれば、無限定でありたいというのが生命本然の姿であります。その意味ですでに成長する、大人になるということそれ自体警戒を要することでありま す。そういう点を深く思索し論じたのが老荘思想・黄老《こうろう》思想であって、『老子』や『荘子《そうじ》』を見ると、いつまでも慈母の懐《ふところ》に養われる赤ん坊でありたいと、盛んに嬰児《えいじ》の徳というようなことを論じております。

一面から言えば実際その通りでありまして、子供の時には、宗教的素質も哲学的要求も芸術的本能も、あらゆる能力が渾然として含蓄されておるのでありますが、それが大人になるにつれて一部分の成長のために他は皆吸収されて無になってしまう。甚だしい自己限定をしてしまうわけであります。だから就職するということは芽出度い事には違いありませんが、又反面から言えば区々《くく》たる（通りいっぺんの）一世渡り人になる、悲しむべきことでもあるわけであります。その意味で浪人生活は無限定であって、お粥くらいはすすれるということに満足しておればとらわれることなく自由です。こういう気持を以て職業人になって貰いたいものであります。

近頃の社会評論を見ていると、外国でも大分やかましく論じられておりますが、近代社会は余りにも分業化してしまってwhole即ちwhole manがなくなってしまった。社会が余り組織化されて、人間が機械の部品になって、個人が零になってしまった。これは近代文明の悲劇であります。近頃は青年も何かそういう組織の一部分に入りたがって、腕一本、脛《すね》一本、なんでも良いから自由奔放に暮すんだという気概がなくなってしまった。

然し人間の尊い価値や文化というものは決してそういう組織や大衆からは生まれない。勝れた個人の魂からのみ生まれるのであります。こういう恐るべき組織の中にあって、如何にして人間の個性や自由を回復するか、これが今後の文明・

文化の問題であり、民族の勃興もそういうわが道を行くという気概が、特に青年の中からどんどん出て来てこそ将来されるのであります。

子曰く、吾仕へず。故に業を成す。動ぜず。故に悔《くい》なし。廣求せず。故に得。雑學せず。故に明らかなり。

胸を打つ一文であります。

「仕へず、故に業を成す」。仕えても努力すれば業を成すことが出来ますが、大体サラリーマンになったら本当の仕事は出来ません。混雑の電車にもみくちゃにされて、雑務に追いまわされているだけでへとへとになってしまう。それでなくても人間には、物質と同じように慣性というものがあって、肉体も精神も鈍感になりがちであります。立派な理想を抱いて就職しても、三年も経たぬうちにわけの分からぬものになってしまう。

「動ぜず。故に悔なし」。下手に動かない。だから後悔する事もない。人間は軽挙妄動するほど後悔する。

又「広求せず。故に得。雑学せず。故に明らかなり」。広求も雑学も結局は同種類の言葉で、広く求めるとどうしても散漫になる。その一例が雑学であります。雑学すると、頭がこんがらかって雑駁になる。生命の一つの重要な特質は純一ということ、統一調和ということであります。だからわれわれの栄養にしても、よく消化するということが第一で、消化するとは、食物が身体や生命に統一調和することであります。消化を無視して栄養を摂取すれば、胃腸障害を起こして却って生命をおびやかすことになります。

それと同じで、雑学は精神の消化不良を起こす。過ぎると脳酸過多、脳潰瘍を起こす。酷《ひど》くなると人格破産、精神分裂ということになる。その意味で、現今の学校勉強は非常な雑学でありまして、甚だ危険であります。もっと有機的発展を促すような教え方を徹底する必要があります。

例えば東洋哲学をやろうと思えば、先ず主な内容は儒・仏・道の三つでありますが、儒教なら孔子から入る。そうして先ず『論語』を読む。するとどうしても『孟子』も読まざるを得ない。処が孔子の系統の中では孟子は理想主義の人であって、これに対して現実主義の荀子《じゅんし》の一派があります。そこで『荀子』をやっていると、いつの間にか戦国時代に入って黄老の思想が融合してくる。当然『老子』や『列子』や『荘子』を読まざるを得ない。読んでいる中に今度は漢代に入って来て、老荘系と孔孟系が一緒になって、はじめて所謂五経といったものが完成されて来る。

そうする中に後漢《ごかん》になって印度仏教が入って来るので、当然仏教をやらざるを得なくなる。処がその仏教が支那の思想や学問と交流して独特の支那仏教、禅などというものが生まれると共に、反対にそれに接した支那の思想からは道教が生まれて来る。こういう風に有機的に学んでゆくと、時間をさえかければ儒・仏・道の東洋の学問、宗教の大きな体系に自ら参ずることになるのであります。学問方法の秘訣は雑学をやらずに常に消化という事、つまり純化という事を念頭において進めてゆく、これが肝腎であります。

子曰く、治亂は運なり。之を行く者あり。之に乘ずる者あり。之を革《あらた》むる者あり。

窮達《きゅうたつ》は時なり。之に遇《あ》ふ者あり。

吉凶は命《めい》なり。之を作《な》す者あり。之に遇ふ者あり。

一來一往各々數《すう》を以て至る。豈《あ》に徒《いたずら》に云はんや。

世の中が治まるとか乱れるとかいうことは、一つの大きな運行だと言う。確かにこれは春夏秋冬、晴れたり曇ったり、雨が降ったり風が吹いたりするのと同じことで、一つの運行であります。人間世界に於ける自然現象と見ることが出来ます。つまり客観的態度で言えば、これに処する人間の側から言えば、これに乗ずるものがあるし、或いはこれを革むるものがある。

然しこの治乱という大きなものは、誰でも改正することが出来るかと言うと、なかなかそうはゆかない。環境をつくるにはつくるだけの力が要る。力が無ければそれに巻かれる。支配される。これは循環現象で、環境が人をつくり、人が環境をつくるのであります。作るという立場に立てば革むる、環境を主とする立場に立てば乗ずるのであります。

同様に窮達は時なり。時あってか窮し、時あってか達する。治乱と同じようにそれは一つの運であって、人間から言えば運であり、又同時に時と観念するのであります。そうして面白いことには、之を行く者あり、之に遇う者あり。つまり自分から出掛けてゆくものがあるし、意識しないでぶっつかるものがある。いくら貧乏で苦労しておっても、良心を裏切るような生活は出来ないと、覚悟して浪人するものもあれば、又こうすれば必ず成功すると、目的を立て筋道を明らかにして成功するものもある。計らずして大臣になるものもあれば、行き当たりばったり窮するものもある。

同様に人生には吉凶というものがあるが、これも命《めい》である。如何にしてとか何の故にとかを許さない、絶対的作用、これが命であります。その最も直接なるものが生命、われわれの生命は意識を伴っておりますから、忄（りっしん偏）をつけて性命であります。

それは大いなる自然に属するものであるという意味に於て天命、それは寸時も動いて止まぬという意味で運命と言うのであります。こういう命というものがあって、時に吉となり凶となる。然しこれとても自分からなすものがあり、或いは偶然にぶっつかって支配されるものもある。

一来一往各々数《すう》を以て至る。或るものは来たり或るものは往く。各々為すには為す、遇うには遇うでそこには数というものがある。物と物との間にある複雑な因果関係が数であります。われわれはこれを学ばなければならない。又自ら為さねばならない。然しこれは教養宜しきを得れば出来ることで、偉人と凡人の違いは、教養宜しきを得たか、得ないかということによるのであります。

楚、難作《おこ》る。使《し》を使《つか》はして子を召《まね》く。子往かず。使者に謂《い》ひて曰く、我が為に楚公に謝せよ。天下崩亂す。至公血誠に非ざれば安んずる能《あた》はず。苟《いやし》くも其の道に非ずんば、禍の先と爲ることなし。

はっきりしていますね。天下はまさに乱れて崩れようとしている。余程天下国家を以てわが任となすような精神、血の通った誠、それでなければどうすることも出来ない。即ち天下の難を救おうとするには、それを救うだけの至公血誠が発揮出来なければならない。それが出来なくて崩乱の舞台に乗り出すのは、真っ先に禍をまねくに過ぎない。私はその任ではありませんと言って断ってしまった。余程の見識と信念を持っておったに相違ないのであります。

子不予《ふよ》なり。江都（江蘇省）変あるを聞き、泫然《げんぜん》として興《お》きて曰く、生民亂に厭《あ》くや久し。天其れ或は將《まさ》に堯舜の運を啓《ひら》かんとす。吾焉《これ》に與《あずか》らざるは命なり。

不予の予は楽しむで病気で寝ておったわけであります。その時たまたま江都変あるを聞き、これは隋の煬帝《ようだい》のことで、今日の中共を思わせるような大建設をやった人でありますが、道徳的にはデタラメで、父を殺し兄を殺して政権を取った。その煬帝が斃《たお》れたことを聞いた文中子は、（泫然は涙ぐむこと）、病床から起き上がって、民衆は久しく乱にあきあきしている。この辺で天は長い間の乱世を一変して、平和を将来するかも知れない。そこに非常な名君・偉大な指導者が出て、堯舜の如き運を啓こうとしているのだ。自分がこれに関与することが出来ないのは、これは命というものだ。そう言って涙ぐんだ。

高い識見や信念以上に、天下国家に対する高級な策も持っていたでありましょうが、残念にも身体が悪い。又そういう活動をするには種々な条件がある。自分にはその条件がそろわない。やはり心の底には深い情熱が秘められておったわけであります。そうして偉大な人格、能力を抱いて静かに山西の一角から天下の大乱を空しく眺めておった。

子曰く、悠々として素餐《そさん》する者天下皆是なり。王道いづくよりして興らんや。

悠々には落ち着いてあせらない姿という意味と、なにもしないでのんべんだらりとしているという意味の二つありますが、この場合は悪い方の悠々であります。素餐は徒《いたずら》に飯を食っておること。見渡すと、天下皆のんべんだらりとして徒に飯を食っている。こんな状態では、一体何処から天下の乱を救うて、本当に民衆に平和と幸福を与える王道が起こるであろうか。文中子の慨歎、心境がしみじみと解る気が致します。

彼の語録や逸話を熟読翫味《がんみ》すると、本当に心を永遠に馳せると言うか、限り無き瞑想に導かれると言うか、なんとも言えない感懐にひき入れられるのであります。

「言志四録」

人間は真面目になる機会がかさなるほど出来あがってくる。
人間らしい気持がしてくる。

夏目漱石

佐藤一斎の人となり

この「言志四録」は幕末から明治にかけて、多くの日本人に計り知るべからざる影響を与えた書物でありまして、西郷南洲なども、『言志四録抄』という抜書まで自分で作って愛読しております。

これを書きました佐藤一斎という人は、なかなかの人物で、学者としてだけではなく、教育者としても、又哲人としても、実にスケールの大きい人物、知識や地位にとらわれない、自由な裕《ゆた》かな人でありました。当時幕府は朱子学を国教、つまり官学に定め、特に白河楽翁・松平定信が政権を執ってからは、異学の禁と称して、朱子学と相容れない思想・学問を禁断したのであります。一斎はその官学の大本山・昌平黌《しょうへいこう》の、謂《い》わば大学総長になった人でありますから、勿論表向はどこまでも朱子学でありましたが、然《しか》し決して派閥に拘泥するようなことはなかった。だから当時人呼んで陽朱陰王（表面は朱子学・裏面は陽明学）の学風などと評したのであります。

一斎先生の育ったのは江戸でありますが、出身は美濃・松平家の岩村藩で、お祖父さんの勘平は周軒と号し、藩公世嗣《せいし》のお守役として仕え、後には家老の職に坐りました。お父さんは信由と言い、これ亦本当の君子人で、一斎先生はその信由の信を貰って、はじめ信行と申しました。通称は幾久蔵、後に捨蔵とも言い、一斎はその号であります。又「孝子日を愛《お》しむ」の語をとって、愛日楼主人とも号しました。

祖父の関係で藩公後嗣《こうし》の学友となりましたが、この人が後に有名な述斎であります。丁度その頃幕府代々の学職にあった林家の当主に跡継がなかったため、松平定信が見込んで、幕命を以て養嗣にしたのであります。一斎はそういう関係で述斎の後を承けて昌平黌の総長に挙げられ、齢八十八歳で亡くなりました。その間各藩の心ある大名や藩士に、実に広汎な影響を与えたのであります。

この一斎先生も、今日の所謂《いわゆる》ティーン・エージャーの時代には相当な乱暴者で、よく好い気持になってふらふら帰って来る吉原通いの侍共を、途中で待伏せしては、これをたたき伏せたりして喜んでいたと言う。それが十九歳の時にしみじみと聖賢の書を読んで翻然として前非を悔い、真剣に学問の道に入ったと言うのですから、人間としてもなかなか面白い性格で、興味深い人物であったわけであります。そうして剣道はもとより、弓術・馬術・槍術《そうじゅつ》と、兎《と》に角《かく》武芸百般ことごとくやったということであります。

この一斎先生の塾に、一時佐久間《さくま》象山《しょうざん》と山田《やまだ》方谷《ほうこく》の二人が同宿しておった事があります。

毎晩塾生が寝静まる頃になると、この二人が激論をはじめる。なにしろ象山と言えば、鼻っ柱が強くて独特の見識を持ち、なかなか人に屈しない人物でありますし、方谷亦然りで、人を人とも思わなかったあの河井継之助が、たった一人方谷にだけは頭を下げたというくらいでありますから、兎に角並大抵の男ではない。この二人が議論するのですから、おおよその察しがつくというもので、喧しいどころの騒ぎではない。塾生達も困って、とうとう一斎先生のところに説諭を願いたい、と申し出た。

誰か、と言うので、山田と佐久間でございます、と答えたところ、先生じっと考えておられて、そうか、あの二人か。それなら我慢せい、と言われたという。なかなか味のある裁定で、こういう逸話にもその人の片鱗がうかがわれるのでありまして、幕府当局とも別段波風を立てずに、調子を合わせるところは、ちゃんと調子を合わせ、息を抜くところは、ちゃんと息を抜いて、自由にやったという。線も太いが、包容力も大きい人でありました。

さてこの「言志四録」と申しますのは、先生の年代を逐っての読書録・感想文を分類したもので、最初に『言志録』、中年になって『言志後録』、晩年になって『言志晩録』、最後には『言志耋《てつ》録』、合わせて四録であります。

これを読みますと、しみじみと人生を学ばされるのであります。いつかこの講座で紹介したと思いますが、郷里岩村藩のために起草した藩の憲法十七箇条、『重職《じゅうしょく》心得箇条』を読んでも、先生の老熟・練達した識見や心配りがよくうかがわれるのであります。

憤の一字は、是れ進学の機関なり。

舜何人ぞや。予《われ》何人ぞや。方《まさ》に是れ憤なり、学は志を立つるより要なるは莫し。而して立志も亦之《し》を強ふべきに非ず。只本心の好む所に従はんのみ。

已《すで》にここに先生らしい風格・見識の一端がうかがわれるのであります。「憤の一字は、是れ進学の機関なり」。憤発こそは学に進む契機である。人間には憤発ということが大事であります。憤発を別の言葉で言えば、立志であります。学はこれより肝要なるものはない。

だが「立志も亦之を強ふべきに非ず」。ただ本心の好むところに従うばかりであります。その人間の素質・内容を離れて、形式的にとってくっつけてみたところで、志にはならない、立志にはならない。本人の持って生まれた、本来具備しておる素質・自覚に即さなければいけない。その通りであります。

今日、教育学・道徳学という様なものが、やはりだんだん発達して参りました生理学や医学と関連して、同じことをはっきり断言しております。

この講座でもしばしば触れましたが、われわれの大脳の根柢には間脳《かんのう》というものがあります。これは人間の感情的な機能を司《つかさど》っている。知能の一番大事な部分は大脳皮質でありますが、この皮質は、最近になってだんだん判明したところでは、持って生まれた皮質の上に、成長するに従って、新しい二次的な皮質が発達して来る。

だから大脳皮質は、本来の旧い皮質と二次的な新皮質とが層をなしておるわけでありまして、その司る機能も亦異なっております。生得本具の皮質は、専ら本能に即した、つまり本能的欲求・本能的知覚を司る。これに反し新皮質の方は、大きくなるにつれて発達する理性といった理知の機能を営む。

処《ところ》がこの新皮質と旧皮質との働きが一致しないで、そこにギャップを生ずるようになると、理性的・理知的なものが弱くなる。この二つの皮質が一致してこそ全き理知の働きが出来、本能的・直観的になって来る。そうなればなるほど、これは自然であります。従って力が強い、つまり本心であります。

大脳のはじめからの皮質や間脳と、二次的な大脳皮質とがぴったりと一致する働き、これが本心に基づく立志であります。だから「立志も亦之を強ふべきに非ず。只本心の好む所に従はんのみ」ということは、今のそういう大脳医学や、それに基づく道徳学・教育学の言うところと全く一致するのであります。

道楽の真意

『論語』に「之を知るものは之を好むものに如かず。之を好むものは之を楽しむものに如かず」という語がありますが、確かに名言であります。科学的考察から言っても、ぴったり当たっております。

知るという働きは、大脳の新しい皮質が司るものでありますが、然しこれを好むとか、楽しむとかいう事になると、間脳や本具の皮質と一致しなければ成り立たない。好むというのはより多く本能的でありますが、楽しむとなるとこれは後天的というか、理知的なものが加わって来る。

「仁者は山を愛し、知者は水を楽しむ」という語にしてもそうであります。わざわざ愛すると楽しむとを分けている。愛するのは本能的な働き、それに理知が加わって楽しむということになる。そこで知者は楽しむのであります。

「仁者は山を愛す」とはより多く本能的な働きでありますから、どうしても愛するのであります。一方は愛すと言ったから、片方は楽しむにした、というようなものでは決してないのであります。古人の的確な観察がはっきり証明されておるのであります。

そういう意味で面白いのが楽しむということであります。学問でも修養でも、これを楽しむという段階に入らなければ、本当ではない。道楽という語がありますが、道が楽しいようにならなくてはいけない。これは楽道でも宜しいのでありますが、道を楽しむでは、まだそこに、道と人との間に相対的な立場がある。渾然と一致してはじめて道楽になる。

その道楽の極致が極道。人間、何事も道楽から極道にならなければ、本物とは言えないのであります。こういう立派な言葉を、とんでもないことに応用した日本人の洒落の能力には、今更ながらつくづくと感服せざるを得ないのであります。私なども大いに極道を以て任ずるというか、期しておるのであります。

人須く自ら省察《せいさつ》すべし、天何の故に我が身を生み出したる。我れをして、果して何用に供せしむる。

我既に天物。必ず天役《えき》有り。天役共《つつし》まざれば、天咎《きゅう》必ず至らん。省察此に到れば、則ち我が身の苟《こう》生すべからざるを知る。

天役は天の与えた役目、苟《こう》生はかりそめに生きる、訳が分からずに生きること。天地間のあらゆるものには、必ずそれだけの素質と機能がある。だから「天に棄物《きぶつ》無し」で、天地万物一つとして無用なものはない、無意味なものはない。必ず意味効用がある。

その物の存在にどういう効用があり、意味があるか、ということをつきとめるのが、これを物質で言えば、自然科学であり、人間で言えば、哲学・道徳学、広い意味の人間学というものであります。自然の物質にして、已に量るべからざる思いがけない意義・効用がありとすれば、万物の霊長たる人間に於ては尚更のこと、どんな愚かな人でも、自然の物質以上の意義・能力があるのであります。

なる程自然科学の発達は、言うまでもなく実に偉大であります。それに較べて、そういう意味での哲学や人間学というものは恐ろしく後れております。しかし古来の偉人や哲人を研究すると、人間もここまで至れるものか、とつくづく感じるのであります。偉人や哲人を待つまでもありませぬ。どんな人でも、必ずこれは絶対のもの、何億何十億居《お》ったって、同じ顔をしたものは一人もいない。すべてが個性的存在・独自の存在であります。だから絶対に他にない、独自の意義・機能・使命というものがある。これだけは確実であって、ただそれを自覚し、活用することが難しいだけであります。

その点は自然の物質も同じことで、本当にどういう素質や能力があるか、自然科学が次第にそれを解明して来てはおりますけれども、まだまだ無限の前途があるのであります。未来の科学はこの世界をどう変えてゆくか、誠に量るべからざるものがある。それを考えるだけでも楽しいのであります。況《いわん》やそれよりももっと人間の開発が出来るならば、どんな立派な社会が出来るか、益々これは楽しみであります。

いつかもお話したと思いますが、私の友人に、酵素の研究では世界的に有名な皆川と言う博士がおります。

この人の話によると、人間は勿論のこと、鉢に入っている金魚のような小さな魚でも、その腸の長さは一メートルくらいあるという。われわれ人間になると何丈という長さになるわけであります。処があのひょろ長い鰻《うなぎ》の腸はたった何糎《センチ》というくらいの長さに過ぎないという。これは何故かと申しますと、腸というものは食べものを消化するためにあるのですが、鰻の体内には強力な酵素があって、蝦《えび》でも蟹《かに》でも、呑んだら直ぐ消化してしまう。そのために腸の必要が乏しくなって、短くなってしまった。

そこでこの酵素を人間界に応用すれば、いろいろなことが出来るだろうというので、研究してみると、例えば、酵素の溶液に印刷物を入れると、綺麗に元の白紙に戻ってしまう。着物や織物を入れると、色や模様がとれて、すっかり元の白生地に戻ってしまう。そうなると、もっともまだ実用化する迄には到っておりませぬが、紙でも布でもいくらでも元の生地に還元出来るのですから、内地の山の木を切る必要もなくなるし、わざわざアラスカあたりからパルプを買う必要もなくなってしまう。

この間も東京の師友会で、クロレラの専門家の話があったのですが、最近漸く事業化の出来る段階に入って来たようであります。

ご承知のようにクロレラというのは、金魚鉢に出来る藻と同じ様なもので、太陽と炭酸ガスさえあればどんどん繁殖する。これは人体に必要な栄養を全部持っておって一皿のビフテキを食うよりも、同じ分量のクロレラを食った方が余程消化吸収が良い。おまけに琵琶湖だけの水面があれば、日本の全人口をまかなうだけの必要量が採れるという。この頃ではパンに入れたり、牛乳に入れたり、ヨーグルトの中にもぼつぼつ入れておるそうであります。

ただそういう栄養の高いものでありますから、虫も好いて、人間が応用しようと思うより先に、虫が食ってしまう。だからこれを防がなければいけないし、その他事業としてやる場合には、まだまだ段階もあるようでありますが、兎に角見通しは立つということであります。このクロレラの溶液に、例えば藁屑《わらくず》やオガ屑を入れて、これを吸収させると、たちまち栄養価の高い飼料に早変わりしてしまう。そうなると、畜産に困っておる飼料などというものはただみたいなものになって、実に有難い話であります。

まあ、ちょっとした一物にして、こういう神秘な内容を持っておるのであります。

よく「虫けらのような奴」と言う。あのけらというものは、全くこれは不細工で、形から言うても、色から言うても、どこから見ても、好いところは一つもありませぬが、漢方薬の研究家の話によりますと、これを黒焼きにするかどうかすると、腎臓の特効薬になるそうであります。だから何物に如何なる素質があるやら、それが何に効くやら分からない。況や人間に於てをやであります。どんなに無能に見えても、必ず独自の能力や性質を持っているに違いないのであります。

これを応用化学のように活用すれば、どんな役に立つか分からない。これを研究し、解釈し、役立てる、というのが本当は哲学の任務であります。だから哲学を学ぶということは、カントがどう言ったとか、マルクスがどう言ったとか、などというようなことではない。先ず自分がどういう素質・能力を持ち、如何なる役に立つか、ということを解明することであります。

しかしこれが一番難しい。顕微鏡をのぞいて、数字を計算して、発見するというわけには参りませぬ。そこに又学問・修業の面白さがあるわけであります。そういうことが分からずにいい加減にする。これ程勿体ないことはない。それこそ「天咎《きゅう》必ず至らん」であります。

今人率《おほむ》ね口に多忙を説く。其の為す所を視るに、実事を整頓するは十に一二。閑事を料理するは十に八九。又閑事を認めて以て実事と為す。宜《うべ》なり、其の多忙なるや。志有る者、誤りて此の窠《あな》を踏むこと勿れ。

料理ははかりおさむ。今の人間は何か言うと、直ぐ忙しい忙しいと言うが、その為しておるところを見ると、内容のある、実のある事を整頓するというのは、ほんの一割か二割で、後は大抵のんきなこと、無駄なことを料理している。そのどうでも好いようなことが八、九十パーセントも占めている。そうして「又閑事を認めて以て実事と為す」。その閑なこと、無駄なことを、さも内容のある真実のことのように錯覚する。「宜なり、其の多忙なるや」。当然のことである。「志有る者、誤りて此の窠を踏むこと勿れ」。この穴に陥ってはならない。

われわれも毎日多忙で困っておるのでありますが、言われてみると、実際無駄なことが多過ぎる。大部分はどうでも好いことばかりであります。くだらない新聞・雑誌・ラジオ・テレビ・電話、とこんなものに追い廻されておったのでは、全く無内容で、愚者になってしまう。こういうことは、なにか本当の問題と真剣に取っ組んでみれば、よく分かるのであります。だから成《な》る可《べ》く実事を整頓して、みだりに多忙にならないようにする、ということが本当に大事なことで、これは普通人でもそうでありますから、況や社長や大臣ともなれば尚更の事であります。

大臣の職は大綱《たいこう》を統《す》ぶるのみ。日間の瑣事《さじ》は旧套《とう》に遵依《じゅんい》するも可なり。但し人の発し難きの口を発し、人の処し難きの事を処するは、年間率《おおむ》ね数次に過ぎず。紛更労擾《じょう》を須《もち》ふること勿れ。

大臣というものは、日常大抵のことは昔からありきたりのしきたりにまかせておいて、ここというところ、恐らく年に五回か六回か、そう何回もあるまい、それをちゃんとやればよい。それならば大臣も十分に閑が出来る。

その通りで、名士などというものくらいお気の毒なものはありませぬ。朝も、起きるか起きないうちに、電話がかかって来る。人がやって来る。天下国家の大事に任ずる大臣から言わせれば、それこそつまらないことを引っ提げてやって来る。雑然たる書類や報告も集まって来る。そうして朝飯も早々に、会議にも出なければならない。

その会議が又実につまらない。顔を合わせて、しばらく煙草を喫って、今日は寒いなあ、というようなことを言っておるうちに、二十分や三十分は直ぐ経ってしまう。そのうちに属官あたりが出て来て、書類を配って説明をやる。大抵分かり切ったことで、私などもよくいろいろな会議に出るのですが、おおよそつまらないものが多い。

その間にそれ人が死んだ、やれ入院だ、婚礼だ、と見舞いやら悔みやらで右往左往する。面会人がつめかけて来るし、宴会にも出なければならない。へとへとになって家に帰り、風呂にでも入ったらすぐ昏睡《こんすい》してしまう、という様な事で大概これは閑事。確かに八、九十パーセントは実事ではない。

だから大臣ともなれば、大抵の事は人に任せておいて良いのであります。そうして年に何回もない大事な事を、はっきりと言明し、且つ断行する。これが出来なければ小臣であります。どうも近頃は大臣と称する小臣ばかりが増えるので、一向に物事が捗《はかど》らない、はっきりしない。世の中が乱れるのも当然であります。

山嶽に登り、川海を渉《わた》り、数千百里を走る。時有りては露宿《ろしゅく》して寝《い》ねず。時有りては餓えて食はず、寒《こご》えて衣《き》ず。此れは是れ多少実際の学問なり。夫の徒爾《とじ》に（無駄に）明窓浄几《じょうき》、香を焚き書を読むが若きは、恐らく力を得る処少からん。

人間は鍛錬しないといけない。単に坐って本を読むだけで、人物は出来るものではない。これもその通りであります。アレキシス・カレルは、偉大な医学者であって、哲学者・人類の教師とも言うべき人でありますが、こういうことを言っております。

われわれの真の健康・体力・生命力というものは、単なる体格だとか、身長だとかいうものとはまるで違う。十分に考慮せられた栄養を摂取し、十分なる睡眠をとり、規則正しい生活をして、そうして予定に従って訓練を受ける、というような近代スポーツマン的な体格や、或いは科学的に育てられた、均斉のとれた肉体などというものは、これは決して当てになるものではない。真の体力・健康というものはもっと矛盾に富んだ、もっと苛烈な、自然の暑さ・寒さ・飢餓、その他いろいろの不自由やら迫害と闘って、自然に鍛え上げるものでなくてはならない。

そういう意味から言うならば、文明の知識と技術の下につくり上げられた体力・生命力というものは弱いものである。文明はだんだん人間を弱くする、とまあ、こういうことを痛論しておるのであります。

私なども四条畷《しじょうなわて》中学の時代には、五年間というものは降っても照っても、あの高野《こうや》街道を歩いて通いました。雨降りや酷寒には随分と辛い思いをしましたが、一里以上の道程がなければ、自転車に乗ることが許されなかった。然しこれは実際良い教育であったと思うのであります。その間に私の本当の体力や健康を作ってくれたばかりでなく、歩くことによって物を考える習慣を与えてくれました。だから今でも歩くと物を考える。その習慣で自動車に乗って動き出すと考える。お蔭で家族は、私が出て十分、二十分までは安心が出来ないと言う。忘れ物をしていつ取りに戻るか分からない。

しかし考えてみれば、その中学時代に歩きながら読んだり、考えたり、空想したりしたことの一体何分の一を実現し得たというのでしょうか。ほんの一部に止まるような気がするのであります。

英語や独逸語等の外国の本を自由に読みたいものだと思ったが、まあ英・独の二つだけはやっと読める程度で、仏語だの、その他何語だのというのは遂に読めないままであります。世界地図を見ては、アジアの友邦がみな欧米諸国の植民地になっているのを歎き、大きくなったら、なんとかしてそれらの国の独立運動の志士達と附合ってみたい、というような空想もしました。そうしていつの間にかインドだの、タイだの、ビルマだのの志士達と親しくなっておりました。しかしこれも限られた範囲内での話であります。

或いは又、禅僧が坐禅などをやって、偉くなるとか、悟道に達するとか言うが、一体禅とはどういうものだろうとか、孔子という人は偉い人だが、儒教とはどういうものだろうとか、まあ、いろいろと考えたものでありますが、その禅や儒教もどうやら分かった程度に過ぎないのであります。しかしたとえ一部を実現し得たに止まるにしても、歩くということは、確かに物を考えさせてくれることは事実であります。

その点近頃の学生は可哀相であります。どこに行くにも乗物がありますから、馬鹿馬鹿しくって歩けない。その又乗物たるや都会地では殺人的混雑であって、沈思黙考どころか、疲労困憊《こんぱい》ならいい方で、正に命懸けであります。このことだけを考えても、これは文明の犠牲というか、大きな罪悪であります。

われわれは文明になればなるほど、年をとればとるほど、実際一斎の言う如く「山嶽に登り、川海を渉り、数千百里を走る。時有りては露宿して寝《い》ねず。時有りては餓えて食はず、寒えて衣《き》ず」で、多少の鍛錬をしなければいけない。これが実際の学問であります。

私はよく真向法《まっこうほう》をやりますが、どんな寒い朝でも寝所から出ると、寝巻一枚でやる。これも多少実際の学問であります。又私は汽車に乗る時には、往々にして東京・大阪間を飲まず食わずで来てしまう。朝飯もとらずに、一日飢餓させる。だから私は連れが嫌いなんであります。連れがあると、飯時にはやはり飯を食ってやらなければならないし、お茶も飲んでやらなければならない。人情も大切ですから。こういうのが一つの実際の学問であります。

凡そ遭《あ》ふ所の患難変故《へんこ》（非常の出来事）、屈辱讒謗《ざんぼう》、払逆《ふつぎゃく》（さからう）の事は、皆天の吾が才を老《ね》らしむる所以にして、砥礪切磋《しれいせっさ》の地に非ざるは莫《な》し。

君子は当《まさ》に之に処する所以を慮るべし。徒《いたずら》に之を免れんと欲するは不可なり。

一体遭うところの患難変故や屈辱讒謗、或いは払逆の事は、自分の気持にもとり逆うというようなことは、みな天の吾が才を練らしむ所以である。この場合の老はおいしむではなくて、ねらしむ、つまり老手の老で、練れた、練達したという意味であります。人間は年をとって、経験を積んで、思索が深くなるとどうしても考える。だから死んだお父さんのことを先考と申します。老と考は同じ意味であります。老いると「ぼける」と同じではだめであります。

「砥礪切磋の地に非ざるは莫し」。砥は砥石《といし》、礪は粗砥、切は切る、磋はやすり。いろいろの目に遇うが好い。いろいろの苦労をするが好い。事毎に自分の気持に逆らう様な目に遇ってみることが、吾が才を練達ならしむる所以でないものはない。そうしてどうこれに処してゆくか、という事が学問・修養であって、徒にこれを逃れようと思うのは不可である。

実際その通りであります。少し自分が出来てくれば、人が自分をそしる場合でも、おおよそピントの外れた苦笑いするようなものが大部分であります。どうかすると褒めてくれてもそうです。実につまらない、下らぬことを褒めるわい、と思うようなことが多い。毀誉褒貶《きよほうへん》共に実につまらないものが多くって、そこで自分の見識や度胸が出来てくる。だからいろいろな目に遇う方が好いのでありま す。私なども毀誉褒貶のたこが出来たくらいで、お蔭で良い学問になったと思っ ております。処が人間というものは微妙なもので、反面又次のような特質とか、 欠陥もあるのであります。

爵禄を辞するは易く、小利に動かされざるは難し。

爵禄を辞するなどということは、大層難しいことのようでありますが、却って張合があるから、愉快であります。大臣になって有難がるよりは、断ってすまし ておる方が余程気持が好い。これは張合があるからで、案外出来ないこともない のであります。処が小利というものは余り意に介さない、理性にかかわらない、 ごまかせる。それだけに人間小利に動かされる場合が多い。人間心理のデリカシ ーと言いますか、微妙なところであります。

治安の日久しく、楽事漸く多し、勢然るなり、勢の趨《おもむ》く所《ところ》は即ち天なり。士女聚懽《じゅかん》(はかり楽しむ)、飲讌《えん》歌舞の如きは在々之れ有り。固より得て禁止すべからず。而るに乃ち強ひて之を禁ずれば、則ち人気抑鬱して発洩《はっえい》（発散）する所無く、必ず伏して邪慝《とく》（よこしま）と為り、蔵《かく》れて凶姦《きょうかん》と為り、或は結びて疾疢《しっちん》毒瘡（悪質な皮膚病）と為り、其の害殊に甚だし。為政者但《ただ》々当に人情を斟酌《しんしゃく》して、之が操縦を為し、之を禁不禁の間に置き、其れをして過《か》甚《じん》に至らざらしむべし。是れ亦時に赴くの政の然りと為すところなり。

「治安の日久しく」。世の中が治まって、太平になって、もう大分日が経つ。「楽事漸く多し」。生活の楽しみ事がだんだん多くなった。勢がそうなっているのである。勢の趨く所は即ち天である。男女が集まって飲んだり、酒盛りしたり、歌ったり、舞ったり、というようなことは到る処にある。もとより禁止するなどということは出来ない。現在がそうであります。レジャー・ブームと言って、どこもかしこも如何にして生活をエンジョイするか、ということのために大衆娯楽産業というものが大発達、民衆は老いも若きも、如何にして生活を楽しむか、ということで汲々としている。それは勢であって、固より禁止の出来ることではない。

それを強いて禁ずれば、則ち人の気持が抑鬱して発散する所がない。だから必ず潜伏して「邪慝と為り」、慝はかくれたる心で、悪・罪という字、邪悪になり、かくれて凶姦となり、或いは結び合って疾疢毒瘡となり、その害は殊に甚だしい。為政者はそこの人情を斟酌し、操縦し、「之を禁不禁の間に置き」、禁ずるでもない、禁じないでもない。実に上手な表現であります。「其れをして過甚に至らざらしむべし。是れ亦時に赴くの政の然りと為すところ」。こういうことはやはり書物を読んで、古人の名言に接しなければ、会得出来るものではありませぬ。

「禁不禁の間に置き」。実に名言であります。

日本の今日の悩みは、政治的に言っても、社会的に言っても、恐らくこの一節に尽きるでありましょう。これを禁ずるというと、人気抑鬱して、発揚するところがない。例えば今の青年が社会に出ても、明治時代の人のように活動する、出世する、そういう希望がない。その点欲望を抑鬱している。

この間も日本銀行の或る人から聞いたのでありますが、今のような調子で変化なく進むとすれば、昨年入った新銀行員が課長になるのに五十年かかる。勿論その間に死ぬ人もあり、病気になる人もあり、転職する人もある。又優秀な人は抜擢される、というようなこともありますから、実際はそれ程でもありますまいが、兎に角これでは堪《たま》らない。だからこそ、部長・課長は見込みはないが、というような歌が流行る。こういうところを政治家はよく考えなければならないのであります。

国際的にもそうでありまして、大国に権力を握られてしまって、動きがとれない。だから内攻して、革命騒動ばかり起こる。鬱屈すれば邪慝になる、というようなことはみな分かっておりながら、どうもやめられないということになっている。放っておけば、腐ったり、動乱になったりするのは決まり切っておるのであります。病気でも鬱屈すると、本当にいろいろな吹き出物などが出て参ります。活動の余地を与え、希望を与えて、人心をして倦《う》まざらしめないようにする。「是れ亦時に赴くの政の然りと為すところ」でなければならないのであります。

凡《およ》そ年間の人事万端、算《かぞ》へ来れば十中の七は無用なり。但々人平生に処し、心寄する所無ければ、則ち間居して不善を為すも亦少からず。今貴賤男女を連ね、率ね無用に纏綿駆役《てんめんくえき》（まつわりつかいまわす）せられて以て日を渉《わた》れば、則ち念不善に及ぶ者或は少し。此れも亦其の用処《ようしょ》なり。蓋《けだ》し治安の世界、然らざるを得ざるも亦理勢なり。

本文は前の文章と好一対でありまして、おおむね無用なことにまつわられ、駆りたてられて、そうしてうかうか、ばたばたと日を渉っておる。それでもそのお蔭で「念不善に及ぶ者或は少し」で、悪いことを考える暇がない。「此れも亦其の用処なり」。つまらないことに忙しくするということは、誠に無駄なことには違いないが、然し考えてみると、その無駄なことをやって、忙しく立ち働いておるから悪いことをしない。従ってその無駄な、多忙な仕事も亦用処であります。「蓋し治安の世界、然らざるを得ざるも亦理勢なり」。道理のある、理屈のある、これは時の働き、つまり時勢である。だからこういう治安の世界には、無駄なことでもなにかやっている、ということは又無意義ではない。なかなか老練な観察であります。

人少壮の時に方《あた》りては惜陰（寸暇をおしむ）を知らず。知ると雖も太《はなは》だしく惜しむに至らず。四十已後《いご》を過ぎて、始めて惜陰を知る。既に知るの時は精力漸く耗《へ》る。故に人の学を為すには、須く時に及んで立志勉励を要すべし。しからざれば則ち百悔するも又竟《つい》に益無からん。

みなそうであります。若い時はどうしても時を惜しむということを知らない。知っておっても、非常に惜しむというところまでにはゆかない。四十を過ぎるというと、はじめて時間の惜しいことが分かる。

然し「既に知るの時は精力漸く耗る」。なんでも物の分かる頃には、もう追っつかないという、丁度ガンと同じことであります。年をとってしみじみと物を考える頃になると、もうなにも出来ない。それが人間の常であります。

前にも申しましたが、医学の発達は遂に人間を五十年から六十年、男は六十五年、女は七十年にまだプラス、というところまで平均寿命を延ばしました。まだまだ八十、九十、百迄生かせることも難しくはないとのことであります。しかし如何なる医学者も、人間の精神をこれにマッチさせる事が出来るかどうか、ということについてはとても自信がない。たとえ百まで生きても、精神が伴わなければ、呆けて生きなければならない。

だから、今後の人類の大問題は、肉体と相俟って、如何にして精神の健康を百まで保たせるか、ということにかかって来ると思うのであります。そうなると、問題は生理ではなくって、心理・学問・修養になって来る。今後は、如何に死するかということが、従来とは別の意味で大きな課題になって参りました。

聖人は死に安んず。賢人は死を分《ぶん》とす。常人は死を畏《おそ》る。

今までは常人は死ぬことを恐れたが、これからは死ぬ能わざることを恐れるようになって来る。これも文明の変化であります。

気節の士、貞烈の婦、其の心に激する所有れば敢て死を畏れず。死を分とする者の次なり。血気の勇・死を軽んじ、狂惑《きようわく》の夫・死を甘んずるは、則ち死を畏るる者より下る。

又釈老《しやくろう》（仏教・老荘）の徒の如き、死に処して頗る自得《じとく》有り。然れども其の学は畢竟《ひつきよう》（つまり）亦死を畏るる由《よ》りして来る。独り極大老人の生気全く尽き、溘《こう》然として病無く、以て終る者は則ち死に安んずる者と異る無きのみ。

誠にその通りで、極大老人、本当に生きつくした、長生きした老人というものは、大悟徹底した人と同じ様な死に方をするものであります。実は逆に、悟道者は極大老人と同様の死に方をするというべきでありましょう。

死を畏るゝは生後の情なり。軀殻《くかく》有りて而る後に是の情有り。死を畏れざるは生前の性なり。軀殻を離れて始めて是の性を見る。人須《すべか》らく死を畏れざるの理を死を畏る、の中に自得すべし。復性《ふくせい》に庶《ちか》からんか。

復性は本性に返ること、性命の本体に即することであります。又仏家・禅家とは違った表現方法で、同じ真理をよく言い表わしております。これは一つの復性であります。

経を読む時に方《あた》りては、須く我が遭ふ所の人情事変を把《と》りて注脚と做《な》すべし。事に処する時に臨みては、則ち須く倒《さかさ》に聖賢の言語を把りて注脚と做すべし。事理融会《ゆうかい》（すっかり分かる）し、学問日用を離れざるの意思を見得るに庶《ちか》からんか。

本を読む時には、経書を読む時には、自分が体験する所の人情事変といった現実問題を、その注脚とする、つまりそれで解釈する。事に処する時には、聖賢の言語・文章、それを以て注脚とする。そうすると、事と理、現実の問題と真理が融け合って、学問というものが空虚にならない。従って、「学問日用を離れざるの意思を見得るに庶からんか」、日常生活の意味が分かるであろう。これが本当の学問・修業というものであります。

実際難事に処すれば処するほど、教わるのが古人・聖賢の書物であります。今日の政教の頽廃は、多分にその局に当たる人達が勉強しない、学問しないということに原因している。戦国の英雄・伊勢新九郎北条早雲が法師に『六韜三略《りくとうさんりやく》』を講ぜしめて、その冒頭「夫れ主将の法は務めて英雄の心を攬《と》り、有功を賞禄し、志を衆に通ず」（上略）と読み上げた途端、早雲は「ようし、分かった」と言って書を閉じさせたという逸話があります。

実際私共が今日いろいろのことを経験し、観察して、考えてみましても、かりに総理大臣として、実業家でも政治家でも実はみなそうでありますが、「務めて英雄の心を攬り」、つまらない人間を追い廻しておっても仕方がないので、優秀な人間、即ちエリートを励まし、これに酬《むく》いて、そうして同時にわが為《な》さんとする「志を衆に通ずる」、早雲ではありませぬが、これで十分であります。すべてが片づく。

世界を眺めても、今迄は大衆と組織が常に主体になっておりました。しかし最近変わって来て、いつの間にかエリートの時代になって参りました。これは当然のことで、大衆を対象にやっておれば、政治でもなんでも大衆に迎合するようになり、そのため低級になり、堕落して、まとまりがつかなくなってしまう。真の民主主義というものは、出来るだけ遺漏《いろう》のないようにエリートを見つけ出して、これを養成し、組織して、そうして賢明な指導を行わしめて、大衆を向上させてゆくにある。従って民衆化すればするほどエリートが必要であります。

もっと大きな全般の問題、文明・文化といった面から考えてみても、同じことが言えるのであります。学問でも、芸術でも、発明でも、真に価値あるものは、絶対に大衆からは生まれない。必ず勝れた個人、即ちエリートを通じる以外生まれて来ない。個人が大衆を高め、これに幸福を与える。そうして文明・文化が進んでゆくのであります。今の日本の如きは、そこに大きな錯覚を起こして、思想的にも実際的にも、時勢の進歩に停滞しておる。一斎先生の観察するところ、論ずるところ、今日只今から考察しても、正しくその通りであります。

一部の歴史は皆形迹《けいせき》を伝えて情実伝わらず。史を読む者須く形迹に就きて、以て情実を討《たづ》ね出だすを要すべし。

世間に伝わるところというものは本当のことがなかなか伝わらない。だから史を読むものはよくこれを弁《わきま》えておかなければ、本当のことが分からなくなる。今日只今の記録でも発表でも実に好い加減なものが多い。「真相はこうだ」などと戦後よく流行りましたが、その真相が又でたらめで、大抵手前味噌が多いのであります。そういうことを考えると、歴史などというものはおおよそ当てにはならないのであります。

「事々書を信ずれば、書無きに如《し》かず」という語がありますが、真実を把握するということは実に難しい。況や宣伝と謀略の時代であります。思うに人類はじまって以来、今日の記録や歴史くらい当てにならない、眉唾《まゆつば》ものはちょっと少ないでありましょう。余程眼光紙背に徹する底の（という）識見を養わなければ、世の中の真実が分からない。思想・学問も亦然りであります。衆論紛々としてなかなか真実をつきとめることが難しい。

兎に角今日ほど記録や文章などというものの当てにはならない時代はないのであります。恐らくは後世の歴史家は困るでありましょう。そういう意味で、学問というものが益々難しくなって参りました。それだけにこういう書物を読む味も深く切実であると言えるのであります。

内外共に多難なる日本

八月はもう皆さんにお会い出来ないかと思っておりましたところ、はからずも神職兼務教職員協議会の全国大会が当地で行われ、記念講演をすることになりまして、丁度好い機会でありますので、『言志録』の続章をお話できることになりました。

さて、この秋はいろいろの問題で日本が又物情騒然となるであろうと思うのであります。日々の新聞をご覧になっても分かりますように、例えば今、ソ連に参っておりますシベリア視察団が意見を発表して、大いにソ連の計画に乗ろう、という意志表示をしております。それがすでにもう刺戟を致しまして、シベリアの森林資源を開発するために、日本から労働力を提供しようとか、或いは石油のパイプ・ライン敷設に協力しようとか、いろいろのことが発表されております。

昨晩もアジア問題研究の専門家が十名ばかり集まって、研究会を開いたのでありますが、その席上でも物論囂《ごう》々たるものでありました。

第一、シベリアと言えば、百万人に近い日本人が不当に抑留され酷使されて、多くの人命を損じておるのであります。そういう所に新たなる形で労働力を提供しよう、などという事は一体何事か。のみならずシベリアは酷寒の未開発地で、衛生施設は言うに及ばず、医療施設もなければ、娯楽施設もない。そういう所に日本人を連れて行ってどうするのだ、と。

又パイプ・ラインの敷設にしても、これは軍事専門家が言うのでありますが、その代価に石油を出して貰うという様な生易しい問題ではない。若《も》しこれが完成すれば、ソ連の極東軍事力は四十パーセントくらい増強する事になる。これは一体どういう事になるか。すでにアメリカあたりは、若しそういう事になれば、日本を防衛する自信を喪失する、などと言っておるのであります。

ソ連の意図は決して経済は経済、貿易は貿易であって、政治や思想とは別物だ、という様な単純なものではない。複雑な政治的・謀略的意図が伏在する事は明瞭である。それを一体どう処置しようと言うのか。第一日本は、経済自由化に備えて、まだなんの用意も出来ておらないではないか。肝腎の東南アジア開発の問題にしても、一向に具体的・積極的に進めようともせずに、空手形に終っておる。従ってそういうシベリア開発などというものと取っくむような能力はない。と、まあこういう議論が次から次へと、本当に物論囂々といった有様でありました。恐らくこれは使節団が帰国し、いろいろな活動が始まるにつれて、政界・

財界は二派に分かれて、悶着《もんちやく》を起こすであろう、と今から手にとるように予見されるのであります。

これはほんの一例で、日韓問題でもそうであります。韓国側からは請求権、その他経済協力等といろいろな名目で何億ドル寄こせとか、いや、それは高過ぎるから三億ドルにしておけとか、夜店の商人のような交渉をやっておるのでありますす。若しかりに日本が韓国に或る程度の妥協をして、これを取りまとめたとすると、中共はどう出て来るか。

現に中共は国交正常化後八百億ドルもの請求をする、とおどしておるのでありますす。それだけで日本は破産してしまいます。こういう問題がいろいろと伏在しておるのであります。どの一つを取り上げても、それからそれへと連鎖反応を起こして、厄介なことになる。そうなると政治家とか評論家とかいうものはわけが分からなくなり、枝葉末節の問題に捉えられて、大局を忘れ、鞘《さや》当てばかりやって混乱に陥ってしまうに違いないのであります。

如何なる問題も結局は〝心の問題〟に帰する

これを救うにはどうすれば良いか。要するに心が出来なければ駄目だということになる。問題が複雑になればなるほど、困難になればなるほど、精神的なものを除いては解決がつかない。政治的な問題も、社会的な問題も、つきつめれば心の問題に帰する。

ということは識見や信念の問題になるということで、従って世の中が難しくなればなるほど、われわれは平生に於て心を練っておくことが大事であります。これは独り当局者のみならず、国民にも心掛けさせなければいけない。これを放っておくと、いろいろの煽動者に指嗾《しそう》(そそのかす)されて、とんでもない議論や運動を巻き起こす。これが益々事態を紛糾させ、自滅に導く結果になる。従ってわれわれとしては、世の中が難しくなればなるほど心を養って、教養を厚くし、見識や信念を高くして、それを少しでも自分の手に及ぶ範囲に拡げる、所謂一灯行を万灯《ばんとう》行《ぎよう》にしなければならないのであります。

処がそういうことは平生の修練によることで、必要だからといって俄《にわか》に出来るものではない。平生に於ける学問修養の必要な所以《ゆえん》であります。

心理学者の実験によると、インスタントというようなことは如何に駄目なものであるかという一例でありますが、同じような程度の子供を二類に分ける。そうして一類の子供には、眠っておる間にその眠りを破らない程度に、教えようと思うことを音盤に吹き込んで、何回も何回も繰り返して耳の側で聞かせる。もう一類の子供には全然それをやらない。そうしておいて、今度改めてその二類の子供を一緒にして、音盤に吹き込んだ事を教える。すると能力に相違はないのに、眠っておる間に聞かされた子供は、聞かされなかった子供に比してはるかによく憶えると言う。誠に面白い実験であります。

又或る音曲の大家は、この人は琴の名人でありますが、その名人の話によると、琴の材には桐が良いそうでありまして、従って良い琴を作るには良い桐材を物色しなければならない。

処がその良い桐材をどこから選ぶかと申しますと、清浄静寂で塵のかからない、地味の豊かな土地で、しかも遠からぬところに川が流れておって、日ざしの良い土地。尚《なお》その上に寺があって、朝に夕に梵鐘《ぼんしょう》の音の聞えるところ、そういう土地に生えた桐が一番良いのだそうであります。寺のすぐれた鐘の音の朝に夕にしみこんだ木が、琴になっても美しい音色を出す。人間の子供どころの話ではありませぬ。桐の木という一物にしてしかり。考えてみれば恐ろしい話でもあります。

茶でもそうであります。土一升金一升と申すように、本当に良いお茶は、茶一斤金一斤と言われるくらい高価なものでありますが、しかし良い茶はそう簡単に出来るものではないのであります。

今日茶所と言えば、量的には静岡でありまして、一応茶を栽培しておると言える農家が約三千軒あるそうであります。しかしその三千軒の中で本当に良い茶を作れる農家は、十軒余りに過ぎないと言われております。その良い茶はやはり清浄静寂で塵のかからない地味の豊かなところで、側に川が流れておって、川霧がかかる。この川霧が朝日を受けておもむろに晴れ渡る。そういう土地が良い。空気が汚染されては良い茶は出来ない。ということになると、茶摘み娘の唄声も、或いは茶の芽に何か意義があるかも知れませぬ。

要するに物理も真理も変わらぬということで、人間も茶の木も、桐の木もみな同じことであります。出来得るならばわれわれ人間も、清浄静寂の地に暮すに如《し》くはないのであります。

それが出来なければ、せめて心境だけでも清浄にして、子供の如く、桐の木の如く、絶えず繰り返し繰り返し善言・善説を聞く必要がある、道を学ぶ必要がある。それが久しうして、無意識のうちに自分の心境が肥えてゆく。やがてそれが立派な思想になり、見識になり、信念になって、政治に、経済に、又教育に、あらゆる面に溢れて、正しい道業になる。こうならなければならないと悟る時に、読書・学習というものが如何に尊いか、ということを今更の如く味識《みしき》することが出来るわけであります。

単なる知識というものはつまらない。知識でもやはり味を持った知識にならなければならない。そのためにはどうしても情緒というものが必要なのであります。誠にお説の通りであります。情緒の豊かな心に育まれて、知識も本当のものになる。そういう意味から申しますと、一斎のこの『言志録』など、古来どれくらい多くの人が繰り返し繰り返し読み、味わい、実行して来たか分からない。それだけに『言志録』そのものに偉大な力と味があるわけであります。

一耆宿《きしゆく》有り。好んで書を読む。飲食を除くの外、手に巻を釈《す》てず。以て老に至る。人皆篤学《とくがく》と称す。余を以て之を視るに、恐らくは事を済《すま》さざらん。渠《か》れ其の心常に放ちて書上に在り。収めて腔子裏《こうしり》（体の内）に在らず。人五官の用は、須く均斉に之を役すべし。而るに渠れは精神を耑《もつぱ》ら目に注ぎ、目偏《ひと》へに其の労を受け、而て精神も亦従って昏聵《こんかい》す。此くの如きは則ち能く書を看ると雖も、決して深造自得する（深く理解する）能はず。便ち除《た》だ是れ放心《ほうしん》のみ。且つ孔門の教への如き、終食（食事を終える）より造次顛沛《てんぱい》（わずかな間）に至るまで、敢て仁に違はず。

試みに思へ。渠《か》れの一生手に巻を釈《す》てざるも、放心此くの如くして、能く仁に違はざるや否やを。

「一耆宿有り」。耆宿は年功を積んだエキスパート、或いは学者・知識人。一人の年功を積んだ学者、知識人と言われる人があった。好んで書を読み、飲食の時の外は書物を手から離さなかった。そうして老に至った。人はみな篤学者と称した。然し自分の見るところでは、恐らくそういう人は事をなす事が出来ないであろう。彼はその心を常に書上に放って、おさめて胸の中にない。心を機械的知識の方に放ってしまって、胸の中に安定させておらない。

人間の眼・耳・鼻・口・皮膚の五官というものは均斉をとって、調和をとって働かさなければならない。一斎の時代は生理学などというものは今日の様にはなかったのでありますが、事実はその通りであります。生理学・医学から申しましても、われわれの身体・肉体というものは実に見事な自律的統一体と言うべきもので、その各々が各々と、又全体と調和をとって、はじめて生命作用が営まれる。心臓・血管・淋巴《リンパ》腺、その他あらゆる器官が一致して、美しい調和を保って、活動している。反対にこれがばらばらに調和を失うと、疲労し易く、又病気になり易い。

その者宿は精神を専ら目に注いでいるために、目の疲れることは勿論、肝腎の精神までが昏瞶してしまう。昏は目の眩むさま、瞶は耳が潰《つぶ》れて、聞えなくなる様であります。こういうことではいくら書物を読んでも、決して深く造《いた》り、自分で自分を摑むことが出来ない。心を書というものに放ってしまって、内的統一を失ってしまっておるだけである。

一体孔子の教えというものは、食事をし終えることから、造次顛沛のわずかな間に至る迄、仁に違わないということが肝腎で、ただ書物を読んで、知識をかき集めてみたところで、更にこれは徳というものに関しない。徳というものを為さなければ仁にはならない。仁というものは万物を包容し、生成化育してゆく働きで、雑然たる知識や、ただの物識り・博識というものでは本当の生命に一致しない。

こういうことを当時の大学総長である佐藤一斎先生が道破しておる。今日もこういう大学総長が欲しいものであります。

孔門の諸子、或は誾《ぎん》々如たり。或は行々如たり。或は侃《かん》々如たり。気象何等の剛直明快ぞや。今の学者は、終歳(死ぬまで)故紙陳編の駆役する所と為り、神気奄《えん》々として奮はず、一種衰颯《すいさつ》の気象を養成す。孔門の諸子と霄壌《しょうじょう》たり。

誾々如＝態度言葉遣い等の極めて和やかに、調子の整っておる様。行々如＝行動的な、勇気・気概のある形容詞。侃々如＝普通には打算的な卑怯なところのない、信ずるところを率直に披瀝する様。他に誾々如とよく似て、極めて礼節の整った様を形容するに用いる。故紙＝古い書物。神気奄々＝精神力のない、ぐったりした気。

要するに本当に学問をするものは潑剌として、生命力や精神力が高まっておらなければならない。精神と身体とが一つになって、躍動しておらなければならないという説であります。

己を修めて以て敬し、以て人を安んじ、以て百姓を安んず。壱《いつ》に是れ天心の流注なり。

『論語』に子路が孔子に尋ねたことがある。人間の理想、又人間の進むべき過程について。その時に孔子は「己を修めて以て敬す」と答えられた。処が子路という人は、生民を救済するということに気概を持った、天下国家に志のあった人でありますから、「己を修めて以て敬す」というくらいでは物足りない。だから「それだけですか」と尋ねた。すると孔子が「己を修めて以て人を安んず」、自分だけではない、他人をも安んずるのだと答えた。

子路は再び訊ねた、「それだけですか」と。孔子は「己を修めて以て百姓を安んず」、広く人民・民衆を安んずるのだと答えた後、更に続けられた。「己を修めて以て百姓を安んずるは、堯舜もそれ猶諸《こ》れ病めり」と。己を修めて以て百姓を安んずるは、堯舜のような偉大な聖人達でもなかなか出来ないので、苦にされた、こう言って深く子路を戒められたのであります。

兎角《とかく》人間というものは大言壮語して、着実な工夫を忘れて、景気の好い大きなことに、趨《はし》りがちであります。しかし人間の真価というようなものは却って小事に現われるもので、従って大きなことになると案外当てにならない。

民百姓を安んずるとか、全人類の幸福だとか、大きなことはこれは青二才でも言える。壇上に立って、叱咤怒号して、あっぱれ大政治家のようなことを言うのは簡単なことであります。しかし大きなことを言うからといって、それがその人の本当の人物かというと、全くそうではない。言論・主張等というものはその人の真価・実質と関係なく、誰にも言えることであります。

従ってそういうことよりも、自分の関係しておる、例えば、一つの家庭を治めるというようなことの方が、或いは己の身を修めるということの方が、はるかに難しいのであります。人間の真価はなんでもない小事に現われる。これについては古今東西いろいろの識者が時に触れて論じておりますが、誠にその通りであります。

真に人を安んずるとか、百姓を安んずるとかいうことは、天心の流注、人間に自ら備っておるところの本然の心、良心というものの自ずからなる流露によって、はじめて出来ることであります。

天心・誠・良心というものはこれは不思議なものであります。

明治二十五年の選挙は議会はじまって以来の大変な選挙でありました。当局並びに与党は猛烈な弾圧や選挙干渉をやり、血を流してようやく選挙に勝ったのであります。そうして出来たその後の内閣で、野党は一斉に起って、政府の大攻撃をもくろんだ。攻撃の的になったのが内務大臣であります。

政府・与党はこのポストに至誠の権化とも言うべき副島種臣《そえじまたねおみ》伯を据えて、これに対抗した。やがて議会がはじまったが、果せるかな喧々囂《ごう》々たる野党の総攻撃であります。副島内務大臣が静々と壇上に上がる。どんな答弁をするか、思わずみな固唾《かたず》をのんで見守った。さて謹厳な副島大臣、恭《うやうや》しくみんなの方を見つめていとも簡単に「昌言恭しく拝します」、そう言ってお辞儀をされた。満場しーんとして、つりこまれたのかみんな一緒にお辞儀をした。たったそれだけ言って、副島伯はことことと壇上を下りてしまった。こうして兎に角その時は済んでしまったということであります。

こういうことは真似をしようとしても出来ることではありませぬ。所謂天心の流注、その人の人格・至誠の自ずからなる発露がしからしむるのであります。これが普通の人であったならば、「なにを言いやがるか」とか、「人を馬鹿にするな」とか、それこそ大変なことになるところであります。

明治時代にはまだそういう人が沢山残っておりました。ついこの間もめずらしい会がありまして、それは樺山資英《かばやますけひで》氏の追悼会で、生前故人と親しかった人々が集まって、故人を偲《しの》んだのでありますが、私にも是非追憶の話をせよと言う。さて故人を追想しておる中に色々と昔のことが思い出されて、感慨に耽《ふけ》ったのであります。

私がまだ若かった頃のことでありますが、或る時当時宮内大臣の職にあった牧野伸顕《しんけん》伯にお会いしたことがあります。牧野さんと言えば、維新の元勲大久保利通の次男でありますが、その時こういうことを言われました。

自分は最近父の遺稿だの日記だのを整理して（後に『大久保利通日記』となって出版された）、つくづく感ずることがある。それは、父の若い時代はみんな実に恐るべき貧乏育ちであったということである。実際その通りで、西郷南洲などという人の少年の頃は、ぼろ着物に破れ草履をはいて、惨澹《さんたん》たる有様であった。もっとも長じて後の南洲は礼儀の正しい人で、ちょっと人に会うにも、きちんと羽織・袴をつけなければ人前に出なかったという。だから南洲を知る人はよくあの上野の銅像を見て、あんなだらしのない南洲ではなかった。ああいう服装にするのならば、いっそ少年の時の銅像にした方がよかった、と慨嘆するのであります。

南洲と言えば、勝海舟を思い出しますが、海舟などの貧乏になると、とても今日のわれわれには想像も出来ないものであります。当時、海舟はいち早く新知識というものに目をつけたのでありますが、そのためには蘭学をやらなければならない。しかし辞引がない。たまたま本屋で見つけたが、高くて手が出ない。苦心惨澹してやっと金を整えて本屋に行ったところ、買いとられた後であった。そこで買いとった人の住所を探し、多額の借賃を出して、これを借りて来た。そうして食うものも食わずにこれを写しとった。しかも二通写しとって、その一通を売り、勉強しておるのであります。

当時の日記を読むと、母が病気で弟妹もいとけない。自分一人ではどうにもならない。めしを炊くにも薪がない。とうとう縁側をはぎ、柱をけずって、これを燃料にして飯を炊いた。「困難ここに至って又感激を生ず」と書いている。兎に角ひどい貧乏で、然もその貧乏を少しも苦にしていない。牧野さんは続けて、「どうもこの頃の人間は貧乏を少し苦にし過ぎますね」と。いかにもその通りであります。

それから、当時の人はよく書を読んでいる。それも、人格を練る、識見を養うという様な立派な修養の書物ばかりである。われわれのような知識だとか、娯楽だとかの本ばかり読むのとは大変な違いである、と言い、更に、第三に気づいたことは、自分の父なども切々と手紙の中にも述べておるが、各藩に亘って広く人材を求め探している。

維新の大業を翼賛して、国家万民を本当に救うことの出来るような、立派な器量の人物はおらないか、と各藩相互にたずね合っておる。そうしてしきりに推薦を求めたり、或いは自ら推薦をしたりしておる。明治維新のことだから、法制をつくらなければならぬ、軍艦をつくらなければならぬ、鉄道も敷かなければならぬ。そこで功利的な要求から物の役に立つような人間ばかり求めて、人間の器量などということは問題にしなかったと思いがちであるが、決してそうではない。処が近頃は物の役に立つ人間ばかり求めて、人間の器量などというものはすっかり忘れてしまった。そういうところに大きな相違があると強く感ずる、とまあこういう事を申された後、私の郷里の薩摩にもそういう人物が少なくなったが、ここに一人ある、樺山資英という人で、当時の風を今に伝えておる人材の一人である。そう言って紹介されたのがこの樺山資英氏でありました。

その後樺山氏とは亡くなるまで親しくしたのでありますが、誠に名利に恬淡《てんたん》たる人で、気に入らなければ大臣になることさえ拒《こば》み、平然として更に未練がなかった。そういう人でありながら、人が大層なついた。今日でもよくあることでありますが、派閥とかなんとかでもめる様な時には、この樺山さんが出られると、どんな厄介事も納まったということです。これも徳の致すところ、風格が物を言ったのであります。天心の流注であります。

人は明快灑《しゃ》落の処無かるべからず。徒爾《とじ》に（無駄に）畏縮趑趄《ししょ》するが如きは只々是れ死敬。甚事《なにごと》をか済《な》し得ん。

灑は洗う。落はおおまかで、おちるという意味ではない。落成という語がありますが、これも落つる成るでは分からない。この時の落は祝う、祭るという文字であります。つまらぬ気持が抜けてしまって、さばさばと、おおまかに、こだわらぬのが灑落。人間というものはかくありたい。日本の神道の良いところであります。

明るく、清く、さやけしということが根本精神になっている。キリスト教の原罪であるとか、仏教の無明《むみょう》という様な暗い観念が割合に少ない。従ってそれだけに、修養が足りないと浅薄になり易い。けれども、人間は根本的に明快灑落といったものがあってほしいものであります。

植物でも動物でもやはり日に向かう。太陽に浴さなければ成長しない。人格も同じであります。畏縮赼趄《ししょ》、ちぢこまってぐずぐずするが如きは死んだ敬である。敬は「つつしむ」であります。こういうことではなんにもならない。

胸臆虚明なれば神光四発す。

胸の中が虚明であったならば、私心私欲がなかったならば、神光四発す。神光は精神の最も本質的な、奥深い、微妙な機能、勝れた直観であります。よく偉大な研究や業績をなしとげる学者に、世事に迂遠《うえん》に見える人が多いが、精神を一つの問題に集中して、心が虚明になっておる。そのために霊感が働く、所謂神光が発する。その結果偉大なる発見や業績をなしとげるのであります。

一物の是非を見て、而て大体の是非を問はず。一時の利害に拘《かかわ》りて、而て久《く》遠《おん》の利害を察せず。為政此くの如き国は危し。

今日の日本も丁度この通りであります。物と物との相関関係というようなことを無視したり、忘れてしまって、目先にとらわれる。ゆき当たりばったりの政治になる。それでは国が危い。度々申しましたように、大問題や難問題になればなるほど、われわれは思考の上に三つの大きな原則を失ってはならないのであります。

一つには、出来るだけ長い目で見て、目先にとらわれないということ。二つには、出来るだけ多面的に、或いは全面的に見て、一面に拘《こだ》わらないということ。三つには、出来るだけ根本的に考察して、枝葉末節に走らないということ。物を目先で、一面的に見、枝葉末節にとらわれると、結論が逆になることさえある。これは間違いない確かな断定であります。

饒舌《じょうぜつ》の時、自ら気の暴するを覚ゆ。暴すれば斯《ここ》に餒《う》う。安《な》んぞ能く人を動かさん。

暴はばくで、さらすという意味。気の暴するは、気が荒《すさ》むことで、荒めば飢える。従ってわれわれは常に黙養《もくよう》ということを心掛けねばならない。べらべらしゃべるということは精神的には勿論、生理的にも良くない。

これも度々申しましたが、禅家のお坊さんが「われ汝等のために眉毛《びもう》を吝《おし》まずして云々」と言っております。眉の毛を吝まずにお前達のために話をしてやる。私も最初はさっぱり意味が分からなかった。禅家の註釈を見ても、みんなこじつけで、どうも納得がゆかない。そのうち漢方医学の本を読んで、はじめて分かったのであります。それによると、舌をつかうと心臓を傷《いた》める。心臓は眉の毛に関係がある。そこで舌をつかうと眉の毛が抜ける、薄くなるというのであります。どうもこれは近代医学から見ても本当らしいのであります。こういう壇上から二十分も話をすると、一里の道を歩くに等しいエネルギーを消費するそうであります。大変なエネルギーを消耗する。そのためか私なども眉の毛が非常に薄くなってしまいました。

確かにエネルギーを使うと気がうえる、心が荒む。だからなるべく講演などしない方が良いのでありますが、道元禅師も言われておりますように「枉《ま》げて人情に随って此の座に上る」、仕方なしにお話をするのであります。又実際そうでなければ、本当の話が出来ないし、話そのものが荒んだものになってしまう。講演や講義などというものも結局は情の問題であって、理窟の問題ではないのであります。

　理到るの言は人服せざるを得ず。然れども其の言激する所有れば則ち服せず。強《し》ふる所有れば則ち服せず。挾《さしはさ》む所有れば則ち服せず。便する所有れば則ち服せず。凡そ理到って而も人服せざれば、君子は必ず自ら反《かえ》る。我先づ服して、而る後に人之に服す。

「理到るの言は人服せざるを得ず」。概念や論理等の遊戯の如き理ではない。所謂情理・道理というところまでつきつめて行った理、そういう理の言葉は人もこれに従わざるを得ない。しかしその言に激するところがあったり、強制するところがあったり、胸に一物を持っておったり、なにかの手段につかおうとしたりすると、決して人は服するものではない。そこで君子は、理到って尚、人が服さなければ、必ず自ら反省する。先ず自分が自分に服して、そうしてはじめて人も服する。その通りであります。

禹《う》は善言を聞けば則ち拝すと。中心感悦《かんえつ》、自然に能く此の如し。拝字最も善く状《かたち》す。猶、膝覚えずして屈すと言ふが如し。

聖王であった禹は善言を聞くと、これを拝したという。これは心中その善言に感悦しておるからで、それが自然に拝する姿をとるようになるのである。拝の字がよく形容している。膝覚えずして屈すなどもその例である。

有名の父、其の子の家声を墜《おと》さざる者は鮮《すくな》し。或は謂ふ。世人其の父を推尊し、因りて其の子に及ぶ。子為《た》る者、豢《くわん》養(養うこと)に長じ、且つ挾む所有り。遂に傲惰《ごうじょう》の性を養成す。故に多く不肖《ふしょう》なりと。固《もと》より此の理無きに非ず。而も独り此れのみならず。父既に非常の人、寧《いずくん》ぞ慮《あらかじ》め予め之が防を為すに及ばざらんや。畢竟《ひっきょう》之を反らしむる能はず。蓋《けだ》し亦数有り。試みに之を思へ。草木の如きに就て、今年結実過多なれば、則ち明年必ず歉《すくな》し。人家乗除の数も、亦然る者有らん。

有名人を父に持った子で、その家の名声を失墜しないものは少《すく》ない。人或いは言う。世の中の人々がその父を推し尊ぶの余り、これがその子供にまで及んで、そのために子供は手厚い世話の中に大きくなり、その上、自分は名門の子だ、自分の父は偉いんだ、それで自分も偉いような気を持つようになる。そうして遂には懈《おこた》り怠ける性格をつくってしまうのである。だから有名人の子は不肖であると。

もとよりそういう理窟も言えないことはない。もっともなことである。しかしただ単にそれだけではない。そもそもすでに父が常人ではない。傑物《けつぶつ》である。その傑物が、どうして予めその子女がそういうことにならないように、予防をするくらいのおもんぱかりのないことがあろうか。そういうことはちゃんと心得ておるのであるが、つまりはこれを本然に反らせることが出来ないだけである。

「蓋し亦数有り」。こういう場合の数は単なる数ではなくて、因果の関係・因果の理法、命数の命、数奇の数であります。数奇はどちらかと言えば、因果の関係のめずらしい、不幸な悲劇的なものを申します。

「試みに之を思へ。草木の如きに就て、今年結実過多なれば、則ち明年必ず歎《すくな》し」。試みに考えてみよ。草木でも今年余り実を結ばせたならば、必ず翌年は少ない。木もいたむ。「人家乗除の数も、亦然る者有らん」。乗は掛ける、除は割る。十と一、人間の栄枯盛衰の因果関係も亦そういうものがあるであろう。親父が余り偉くなるということは、花が咲き実がなり過ぎるということで、子供の代にはどうしてもマイナスになる。

だから花でも実でも、或いは枝葉でも、剪定《せんてい》と言って植木屋が枝葉をかるし、又花を摘みとったり、実を間引いたりするのであります。だから果物を間引くのが果決《かけつ》である。果決でなければ花や果物に執着して、すずなりにならせたり、満開に咲かせたりする。そうして木を弱らせてしまう。

だから人間も、自分の力よりいくらかひかえめの成功をするのが良いのでありますす。あの人はもっと偉くなる人だ、あれではどうも少しお気の毒だ、というところに止まるのが丁度良いのであります。

そうすると子孫にいくらか余力を遺《のこ》すことになる。あんな奴があんなに偉くなって、と言われる様な柄《がら》にもない立身出世をすると、必ず子孫が良くない。自分はもっと出世すべきであったが、汝等のためを思ってここに止まった。汝等宜しく偉くなれと、誨《おし》えるのも面白い。皆さんも一つこれをおぼえておいて、子供に言って聞かせてやって下さい。そうして自分は学問・芸術に遊んで優游自適する。楽しい味のある人生ではありませぬか。

　人間の健康でもそうです。昔から言う腹八分目が良い。十二分に飲んだり食ったりすれば直ぐ駄目になる。自分一代でも駄目になるのでありますから、況《いわん》や次代に於てをやであります。純都会育ちの青年男女が一緒になって、出来た子供が又純都会育ち、それが更に純都会育ちと一緒になる。こうして三代目には全く脆《ぜい》弱《じゃく》になってしまう。そこで婿にしても嫁にしても、もっと野性的な所から迎えなければいけない。然しどちらかと言うと、田舎女性を入れた方が永続的な価値がある。婦女子が純都会育ちになる事は禁物であります。

　大体生理的に見ても、女は男よりはるかに順応性を持っている。例えば痛覚にしても、痛くない。痛がるように見えるのは、あれは表情で痛がるのであって、本当は男より痛くないのであります。そうでなければ絶対にお産は出来ない。飢餓にも強いし睡眠にも不眠にも婦人の方がよく耐える。自然的生命力・生理力は男よりはるかに強い。従って婦人を余り都会的脆弱に育てるということは、これは民族にとって甚だ不幸であります。

　深夜闇室に独坐し、群動《ぐんどう》皆息《やす》み、形影倶《とも》に泯《ほろ》ぶ。是に於て反観す。但々覚ゆ、方寸の内炯然《けいぜん》(明らかなさま)として自ら照らす者有り。恰《あたか》も一点の灯火、闇室を照破するが如し。認得《にんとく》す。此れ正に是れ我が神光霊昭の本体、性命は即ち此の物、道徳は即ち此の物、中和位育に至るも、亦只々是れ此の物の光輝、宇宙に充塞《じゅうそく》する処なるを。

反観は自分が自分に反って観察すること。中和位育は万物と渾然《こんぜん》と一体になり、各々その地位を占めて育ってゆく、進歩してゆくことを申します。深夜闇室に独坐して、本当に自分が自分に反ってみると、炯然として自分の胸の中に自ら照らすものがある。これが一切の太極《たいきょく》であり、根元である。深夜独坐した人はみな自得しておることであります。

漸《ぜん》は必ず事を成す。恵は必ず人を懐《なず》く。歴代姦雄《かんゆう》の如き、其の秘を竊《ぬす》む者有り。一時亦能く志を遂ぐ。畏るるべきの至りなり。

だんだんに進んでゆく事を漸という。懐はなずく。漸は事を成すの秘訣、恵は人をなずくるの秘訣であるが、この秘訣を本当の英雄でも聖雄でもない姦雄が盗んで志を得るものがある。にせ者が志を得る。畏るべきことである。今日でもなかなかそういうのが多いのであります。どうも善人は意気地がなくて、人を支配する能力がない。これに反して姦雄・悪党がよく支配する。つまり道の悪用であります。

慝《とく》情は慎密《しんみつ》に似、柔媚《じゅうび》は恭順に似、剛愎《ごうふく》は自信に似る。故に君子は似て非なる者を悪む。

慝は隠す、従って隠れた悪・罪。慝情はつつしみ深いに似、こびへつらいは恭順に似、ねじけて非を押し通す剛愎は自信に似る。だから君子は似て非なるものを悪むのである。

孔門の学は耑《もつぱ》ら躬行《きゆうこう》に有り。門人の問目、皆己れの当《まさ》に為すべき所を挙げて之を質《ただ》す。後人の経を執りて叩問《こうもん》するが如きに非ず。故に夫子の之に答ふるも、亦人々異り、大抵皆偏《かたより》を矯《た》め弊を救ひ、長を裁ち短を補ひ以て諸《これ》を正に帰するのみ。譬へば猶、良医の症に対して剤を処するがごとし。症は人々異る。故に剤も亦人々異る。懿子《いし》、武伯、子游、子夏の問ふ所同じうして、答へは各々同じからず。亦以て当時の学を想ふべし。

孔子の学問というものは専らこれを身体で実行するにある。だから門人の質問する一つ一つの条目はみんな自分の為さんとする処を挙げてこれを質問している。後人の経を執って叩問するような知識の問題ではない。実行の問題である。だから孔子のこれに対する答えも亦人によって異なり、大抵はみな偏を矯め、弊を救い、裁縫する様に長所をたち、短所を補い、以てこれを正に帰するだけである。例えば名医の症状に応じて薬を調合する様なものでもある。病の症状というものは人各々異なるものである。従って薬も亦人によって異なる。懿子・武伯・子游・子夏の問う処は同じであっても、それに対する孔子の答えは各々異なる。これを見ても当時の学を想像する事が出来る。

つまり医療が応病与薬であるように、教育・学問というものもみなその人その人に応じて具体的に、個性的に行われねばならない。決して抽象的・一般的に行わるべきものではない。

知識などというものは普遍妥当的ということがあり得るわけでありますから、実践的・行動的な学問というものは本当に人と人、魂と魂との接触でなければならない。それが抽象化し、普遍化するほど力がなくなる。医療も同じこと。本当の薬はその人・その時・その症状に適応する、即ち絶対的なものでなければならない。何時・何処で、誰が飲んでも効くというような薬は、それだけ効かぬものと思って宜しい。

教育の本質もここにあるのであります。人格と人格・箇と箇との接触によって始めて生きた反応効果を生ずるのです。論語はそういう人間的触発の記録です。

現代と大塩中斎

英傑大事に当っては固より禍福生死を忘る。
而て事適々成れば則ち或は禍福生死に惑ふ。
学問精熟の君子に至っては則ち一なり。

大塩中斎

過去を回復しなければ未来は開けない

本夕は香川県と愛媛県の両師友会に参りますついでを以て立ち寄ることに致しましたが、偶然にも、と申しましてもこれは人間の言うことでありまして、道より言えば、天理から見れば、自然とか必然とかいうのが当たり前——当然でありましょうが、今日は大塩中斎《ちゅうさい》先生の厳父の祥月命日に当たるとのことでありまして、こういう因縁のある日に中斎学のお話を申し上げるということは、誠に感慨の深い、意義あることだと思うのであります。

さて、今回は「現代と中斎学」或いは「中斎学の現代的意義」という様なことでお話を申し上げたいと存じますが、一応話の順序として、

第一に人としての中斎、第二はその学問・教育の主眼、第三は役人としての中斎、

とこの三つの点に主眼をおいて話をすすめて参りたいと思います。

処《ところ》で、最近日本もようやく終戦後の精神的空虚から覚醒して参りまして、その現われか、あちらこちらで有志が相寄って、時には県や市の当局までが乗り出し

て、その地方地方の先賢・先哲を表彰したり、研究したりすることが起こって参りました。これは日本国民が、国民としての、民族としての自己を取り戻しはじめた証拠であって、誠に喜ばしいことであります。『論語』にも、

「終りを慎み、遠きを追えば、民の徳・厚《あつき》に帰す」

という名言があります。

人間は堕落すると必ず刹那的になるものであるが、少しく本気になって自覚が出来てくると、必ず現在の時点に於て過去を回復し、未来を考えるようになる。現在は無限の過去の蓄積によって得るものであって、これに根ざさなければ未来というものはない。現在は過去の終りであると共に、未来のはじまりであります。従って現在に於て過去を回復すれば、即ち終りを慎んでその遠きを追うと、必ず将来の世界を創造する力が生まれて来る。これが所謂《いわゆる》徳が厚くなるということであります。

まあ、そういうわけで随分あちらこちらで、私が聞いておるだけでも十数カ所で、本年中にそういう行事が行われるようであります。例えば久留米市では、市長自ら主催して、幕末近世九州第一の風格と言われた真木《まき》和泉守《いずみのかみ》の追遠大会が開

かれるようでありますし、また千葉県では、知事自ら音頭をとって、郷土の先哲を十人選び、これを研究・表彰すると共に、記念館もつくるということでありま す。これはほんの一例でありますが、こういうことが全国的に盛んになってくれれば、日本もどうやら本当の日本になる、とまあ、楽しまれるわけであります。ただいま、中斎学を三点から観察すると申しましたが、この点が特に現代的に意義があると思うのであります。

現代文明の実体

なる程、今日の日本は物質的・機械的には大層盛んになったようであります。しかしその反面に、人というもの、個人というものの内容が非常に空虚になって来ておる、だんだん自己というものを失いつつある。これにはいろいろの原因がありますが、第一に多忙ということです。現代人は忙し過ぎる、刺戟が多過ぎる。そのために追い廻されて、物事をしみじみと考える、というような余裕がなくなって来ております。

又、余りにも組織化・機械化したために、もう人間が組織人・機械人、機械の一部品になってしまって、人としての独立性とか、内容とかいうものはゼロになりつつある。これは社会学者・歴史哲学者・心理学者・教育学者等々いろいろの方面から論ぜられておりますが、そういう学者・思想家の説を聞くまでもなく、各人が考えてみても気のつくことであります。

かく言う私なども常にそれを感じさせられるのであります。もう余りにも便利になり過ぎて、深夜といわず、早朝といわず、この時間なら間違いないと思うのか、全国到るところから電話がかかる。郵便配達の度に、一抱えもの手紙やら新聞雑誌やらを放り込んでゆく。ひっきりなしに訪問客がある。いろいろの会合も毎日ある。その間にも、やれ告別式だの、婚礼だの、なんだの、かんだのと突発的にもいろいろなことが起こって参ります。

うっかりしておったならば、本当に自分というものがなくなってしまう。その中を、まるで自動車を避けて通るように、辛うじて自分を維持しておるわけで、自分が人間として無内容にならない様にするには、余程の警戒と努力を要する。終戦後、一億総白痴化というようなことを誰かが言い出したが、本当にそうであります。そういうところに現代文明というものの非常な危険性がある。

従って今日の文明生活の一番の根本問題は、人間が自己を回復することである、それに基づいて自分をつくってゆくことである、と言ってよいと思うのであります。それをしなければ、これは第一次大戦の時にはシュペングラーとか、今度の大戦の時にはトインビーとか、いうような人々が言っておる通りでありまして、文明は栄えるが如くにして亡びる、繁栄の中に没落することは確かであります。

先ずは自己をつくることが肝腎

そういう意味でわれわれは、如何にして人間を、自分を回復するか。自分というものが一体どういう人間であり、どういう値打ちがあるか、ということを考えねばならぬわけでありますが、そういうところから中斎《ちゆうさい》先生を眺めてみるというと、如何に偉い人であったか、ということが身に沁《し》みて分かるのであります。

人間をつくる、自己をつくるということが、なんといっても学問・教育の一番根本的な意義でありますが、その学問・教育も、現代はやはり形は栄えておるようで、内容はだんだんとなくなって、単なる機械的知識技術に堕しつつある。自然科学も、社会科学も、大層盛んになって来ておるようであって、それを通してもっと深い宇宙・人生、自己というもの、性命というもの、或いはその内容というようなものに深く参じてゆくということになると、実にあやふやなものであります。

もっと誰にも分かる現象を申しますと、今日の一般学問・教育というものは、殆ど学校教育になって、自己教育とか家庭教育とかいうものがなくなってしまいました。人間の魂と魂が触れ合って、火花を散らすような個人教育・人間教育などというものがなくなってしまって、何千何万という厖大《ぼうだい》な学生を収容する大組織の学校をつくって、これ又何十何百というたくさんの講師や教授を集めて、まるで大工場で物品の粗製濫造をやっておるような教育になってしまいました。こういう教育をやっておると、物品の様な人間は沢山出来るでしょうが、本当の意味の人物というものが養われる筈がない。

こういうところで、学生・生徒は一体どういう生活をしておるか。この三月にも、学校の意義とか、卒業の感想とかいうものが取り上げられて、大分話題になっておりましたが、中には、蛍の光・窓の雪とか、仰げば尊しわが師の恩などというのはナンセンスだというので、仰げばあさましわが労働者よ、などと替え歌まで唱う者がおるというのですから恐れ入る。

昔は親の言うことを聞かずとも、師の言うことはみんな聞いた。それくらい先生というものは恐かった。この頃は恐いどころか、卒業式のゆきがけの駄賃に先生を殴《なぐ》ってゆくなどという不心得なものまである。お蔭で警察を導入しなければ卒業式が開けぬ、というような情けない学校もたくさん出来た。まあ、昔の人間には想像もつかなかった学問・教育の現状であります。

こういうことで、一体人間というものは、日本民族というものはどうなるのか、ということを今日われわれは本当に考えなければならないと思うのでありま す。

そういう学問・教育を受けた人間が世の中に出て、それぞれの職業・地位についた時に、一体どういうことをやるか。殊に今日は昔と違って、所謂政治のウエイトというものが重くなっている。昔ならば、政治は政治、教育は教育、という風に或る程度の分離が出来ていた。従って政治は政治家にまかせておいて、商売人は商売に専心し、学者や教師は象牙の塔に立てこもることも出来た。しかし、今は国民の運命を最も直接、且つ強力に支配するものは政治である。そして政治家によって立案・企画された政策・政務を事務的に取り計らうのが役人であるから、従って政治家・役人が最も国家・民族の運命を握るものである。

その役人とか政治家というものが今どうなっておるか。これだけ文明が進歩したのであるから、これも余程進歩しておるのかというと、これが又ご多聞にもれず内容がなくなってしまって、実に目に余るような頽廃・無能振りを発揮しております。

昔は政治家にでもなるということは、私生活を犠牲にするということであった。だから井戸塀という言葉がいまだに残っておるように、どんな大家の御曹司《おんぞうし》でも、一度政界に乗り出したら最後、家も蔵もなくなってしまって、井戸と塀だけしか残らなかったという。これは国民の常識であったし、それだからこそ政治家は尊敬されたのであります。

しかしそういうことは今はまるで夢物語であって、もしなくなるとすれば、選挙に敗けた時くらいのもので、内容は似ても似つかぬことになってしまいました。そこに、文明が栄えながら、民族・人間が亡びるという現象が起こって来ておるわけであります。

古聖・先哲を学ぶ意義

そういうことをしみじみ考えながら、古聖・先哲というものを研究致しますと、本当に考えさせられるし、又悟らされるものが多々あります。そこに先哲を学び、研究する一つの尊い所以《ゆえん》がある。私なども、現実の国家的ないろいろの問題にいそがしく触れておる時には、もうなにがなにやら分からぬ様になって、そもそもくたびれてしまう。そういう中から暇を盗むようにして、古今の書を読んだり、特に偉大な先哲の研究など致します時には、本当に自分が生き返るような感じがするのであります。

中斎先生に対してもそうでありまして、私など青年時代から随分先生を研究して、遺著も殆ど全部といって宜しいほど読破致しました。然《しか》し昨今或いは縁に触れ、或いは必要によって再びその伝記や遺著を読みますと、どうして今までこういうことに気がつかなかったのか、と今更のようにしみじみと感動させられることが多いのであります。こういうところに本当に偉大な人の真価があるのでありましょう。

これは人間ばかりではありませぬ、書物でもそうであります。やはり古典というものは偉大なもので、例えば『論語』や『孟子』にしても、私などそれこそ座右の書として始終側に置いてありますが、特に『論語』などはもう九歳の時にはじめて読んだ書物でありながら、それでいて、ああ、そうだったと感じ直したり、そこまで孔子が考えられておったか、と感心し直すことがしばしばであります。

この間もある会で、経済界、政界、評論界の若干の人々が集まって、池田内閣の経済政策に対して痛烈な議論があったのでありますが、その夜おそく家に帰って、ふっと必要があって『論語』をひっくり返しておりますと、

「利に放《よ》りて行へば怨《うら》み多し」

という言葉が目に入って来ました。これには実に驚きました。一晩の熱論がちゃんと『論語』に出ておる。これではもう議論など要りませぬ。

経済成長率何パーセントだの、所得倍増だの、というようなことはみなこれ利であります。そういうことを主眼にしてやってゆけば、その結果はどうです。人

によっては、日本の経済成長は世界的奇蹟だと言うのでありますが、あちらこちらで中・小企業が倒れてゆくし、大企業の中にもぼつぼつぼろが出かけておる。日本の経済はこれでは駄目だ。もう一日もはやく首相も退陣してくれ、などと言い出す様になって来ておるのであります。怨みとはこれです。世界の奇蹟とまで言われるくらい盛んであった筈の日本の経済が、どうしてこういう怨みになったか。正に利に放《よ》って行えば怨み多しであります。『礼記』には「財を先にして礼を後にすれば民むさぼる（利）」と書いてある。その通りであります。『論語』一つ読んでも、こういう事がたくさん出てくるのであります。

中斎先生の学問的・求道的態度

中斎先生を人として、個人として考察する時に気がつきますことは、先生の学問・思想の跡を辿《たど》ってみるとよく分かるのでありますが、自分というものをいかに把握するか、自分という人間をいかに正しくするかということに、つまり本当の自己をつくるということに徹底しておる。

人間というものの本質はどこにあるか、人間の人間たる意義・価値・権威というものはどこにあるか、ということに実に徹底した考察をしております。実に偉いものです。又学問的に見ても、深遠というか、高邁《こうまい》というか、大したものであります。

第一に、生涯を貫くあの純真な感激性、或いは求道心というもの、これがそもそも尊い。それをなによりもよく表わす一つが、江戸の佐藤一斎に宛てた手紙であります。これには自分の家系からはじめて、少年時代からの精神的・求道的な経過をずっと書いておられるが、いつ見ても本当に感動させられます。

そしてその思索が又実に立派でありまして、大抵の人は、相当に出来ておるようであっても、まだどこかに功利的なものがある。中斎先生の真剣に学ばれた陽明学、特に「抜本塞源論《ばっぽんそくげんろん》」を読みますと、言を極めて功利主義の弊害というものを痛論しております。人間は功利主義・打算・ソロバン勘定・欲得、これを超えなければ本物にならないということを力説しております。その点も中斎先生の意見は徹底しております。

夢中の技倆

例えば、『洗心洞劄記《せんしんどうさつき》』の中にこういうことを言っておる。昔から史論をやる人が多いが、周茂叔《しゅうもしゅく》・程明道《ていめいどう》・程伊川《いせん》であるとか、その他偉大な古人達は、陽明もそうであるが、歴史上のいろいろな有名人物の成敗、つまり史論というようなものについてあまり論じておらない。これはどういうことであろうか。

一体、昔から英雄・豪傑の成功・栄達という様なものはこれは夢中の技倆、つまり夢の中の仕事、まぐれあたりの様なものであるから、そういう本人自身によらぬ、多分に運命のしわざにすぎぬことなどを論ずるということは、道を明らかにしておる君子のなさざるところである、とこう言っております。

又、或る箇所では、英雄・豪傑というものは感激すると非常なことをやるが、やってしまうと、またつまらないことに迷うものだ。これは人間が本当に出来ておらぬ証拠である。学問成熟の君子に至ってはそういうことはない、禍福一つである。成敗利鈍、栄枯盛衰というようなことに動じない、と言っておられる。

これは実に大見識です。出世をするとか、大事業をやるとか、という風なことには世間の人はみなあこがれ、又それを礼讃《らいさん》するのであるが、しかしそういうことがどこまでその人の真価の発揮であるか、ということを考えると、実際偶然的なものが多いのであります。

この間も勲章の授与がありましたが、友人の中にも貰った人がおりまして、私も二、三その祝賀会にひっぱり出されました。その中の一人がしみじみと述懐をして、考えてみれば、こんな勲章など自分が貰えた義理ではない。自分にはこういう先輩もおり、恩人もおって、嫌がる自分をひっぱり出して、鞭撻してくれた。そのお蔭で自分は今日こういうことになったわけであるが、しかしその先輩や恩人はなんの勲章も貰わずに死んでしまっておる。それを思うと、実際何の勲章ぞと思わざるを得ない、とまあ、こういうことを申しておりました。

又その時、終戦後、第一線に立っておった人達が二十万人も追放され、そのために自分でさえ思いもかけなかったような人が急に先輩の後を継いで、そのお蔭で偉くなったり、いろいろの仕事をすることが出来た、というような感想も述べられておりましたが、こういうことも戦後はざらにあった現象であります。豊臣秀吉も、浪速のことは夢の又夢と言っておるが、考えてみると本当にそういう気が致すのであります。

第一、こうして今日われわれが生きておるということ自体、これは偶然というか、不思議なのであります。毎日のように車にはねられて死んだり、怪我をしたり、その中には、将来随分偉くなる人もありましょうし、又現在立派な仕事をしておる人もたくさんある。そういうことを考えてみると、人間の成功に必然とか当然とかいってほこれるものは何一つだってありはしない。みんな偶然、本当に金剛経の偈《げ》(短詩の経)ではないが、一切有為《いっさいうい》の法というものは、夢・幻・泡・影の如く、露の如く、亦電(稲妻)の如しであります。

自分があさはかであるから、わしは偉いとか、こういうことをやったとか、なんとかかんとかとみな好い気になっておるけれども、開き直って、お前本当にそう考えるか、とたずねられて、俺が偉いから当然こうなったのだ、と答えられるのは余程の馬鹿か狂人です。良心の一片だにあれば、なかなかそういうことは言えたものではない。

それを考えると、他人が偉くなったからといって羨《うらや》むこともないし、自分が恵まれぬからといって悔《く》やむこともなければ、怒ることもない、世を遁《のが》れて悶《もだ》ゆるなし、というのが本当であります。そういうことを考えてくると、はじめて真実とは何ぞやという問題に触れる。そこから人間・人生というものが分かってくるわけであります。

太虚・致良知

そういうことを感じさせられながら、人としての、個人としての中斎先生の学問・求道振りを考えますと、本当に頭が下がります。先生の学問・教化は、これは細分すればいろいろありましょうが、先生自らは、『洗心洞劄記』に於て五つの原則を述べておる。

第一は太虚《たいきょ》ということであります。太虚とは無私とか無我とかいうのと同じことで、つまり小さな自我にとらわれないで、常に絶対者、宇宙・人間を一貫する大生命、これは宗教的に言えば、神とか、仏とか、如来とか、考察によっていろいろの観念になって参りますが、そういう小我的・利己的ではない、もっと全体的・根本的なもの、小我から言うならば虚・太虚というものであって、この太虚に即して考え、生きるということを力説しております。

そして人間には、本質的に具《そな》わっておる致良知というものがある。これは人として先天的に具わっておるところの（良）、知覚の働きであって、この良知に基づき、太虚に即して、現実の習性、社会生活の間に次第に作り上げられてゆく後天的な気質を変化させ、徹底しては小我の煩悩から来る死生の惑《まど》いも解決してゆこうとする。非常に情熱のこもった原理原則であると共に、先生の性格がよくにじみ出ております。ご承知の様に先生は随分気性の激しい人で、普段は静かに見えておっても、酒など飲ませると、五升くらい平気で飲み、自若《じじやく》としておったという。

私もはじめて読んだ時は、そんな馬鹿なことがあるものかと思ったが、世の中には本当にこういう人も居る。と申しますのは私が若い時にお世話になった八代《やしろ》六郎海軍大将は、奥さんの話によりますと、艦長をしておられた日露戦争当時は、平気で五升の酒を飲んだということであります。私が初めてお会いしましたのは現役を退《ひ》かれた直後で、もう六十になっておられましたが、猶、覇気満々たるものがありました。

お宅でご馳走になりながら大激論をやったのでありますが、夜の十二時頃になって手洗いに立ったところ、奥さんが待っておられて、実は今夜はもう五本も空いてしまいました。主人も若い時は一人で五升も空けたことがありますが、もう年が年でございますから、相済みませぬがこの辺で引き揚げて下さい、と言われた。まあ、その晩は私が二升くらいで、大将は三升くらいであったと思うのでありますが、それでもあの年で三升も飲まれた。だから中斎先生が五升飲んだというのは、不思議ではなく、実際に飲まれた時もあったと思われます。然しそれだけの大酒を飲んでも、平気で不断と少しも変わるところがなかったという。

洗心洞塾で講義中でも、寒中窓をあけひろげて、聴いておる塾生の方がぶるぶるふるえておるのに、先生は平然たるもので、少しも寒そうな顔をしなかったという。

兎《と》に角《かく》余程気性の激しい人であったらしい。先生を重用した矢部駿州《すんしゅう》と市政を論じて昂奮すると、食卓の上の魚、金頭《かながしら》を頭からがりがりと嚙み砕いたという。かながしらという魚は、ご存知の様に頭の骨の固い魚で、およそ歯におえる代物ではありませぬ。これをがりがり嚙み砕いたというのですから、余程顎《がく》（あご）力も発達しておったのでしょうが、気性もそれくらい激しかったに違いありませぬ。

それくらいでありますから威厳もあった。だから弟子達が塾で講義を聞く場合でもみんな息をひそめて、仰ぎ見るものがなかった。そればかりではなく、講義を聞き終って家に帰っても、しばらくの間は昂奮が静まらなかったという。気性が激しいばかりでなく、その激しさが他人に伝わって、しばらくの間昂奮が静まらないというのですから、まるで電気のようでありますが、それが奉行の悪政に爆発して、ついにあの様な義挙となったわけであります。

今、欲しいのはこういう激しさであります。中斎先生ほど激しくなくてもよいから、せめて少しは感激がほしい。今の様に気概だの節操だの感激だのというものがなくなってしまって、自分さえよければ、他人はどうなろうとも、うまいものを食って、面白おかしくレジャーだのバカンスだのを楽しむというのでは、人間が腐ってしまうのも当たり前であります。このままゆくと日本は立ち腐れになって、陥《おちい》るところは明瞭であります。

去偽

なんとかもう少し感激性のある人が出て、この日本人の現代気質を変化しなければ民族は助からない。それにはどうしても去偽《きょぎ》、偽というものを去らなければなりませぬ。若き大塩中斎先生に徹底的な感激を与えたのは、明末に出た呂新吾《りょしんご》の『呻吟語《しんぎんご》』でありますが、その学問の根本となっている原理原則の一つが、この去偽ということであります。

それで新吾自身、去偽斎などとも号しておりますが、中斎先生は余程これに感ずるところがあったのか、これを五原則の中に入れております。なにから偽になるか。結局小さな私、利己心から偽になる。もっと徹底して言うならば、本当に自分というものをつかんでおらぬから偽になる。

今の世界を一言にして言えば、内外共に偽でかためた世界と言える。友好親善も平和共存もみな偽です。今、中共は態度を急変して親善ムードを深めて来ておりますが、彼等にとってなんとしても欲しいのは日本の科学技術、工業力でありま す。しかしアメリカなどというるさい奴がおるので、戦争をしてとってしまうわけにはいかぬ。そこで彼等の自由になる傀儡《かいらい》政府を日本に樹立することが一番はやい。

そのためには日本の政治勢力、及び指導勢力の中に彼等の自由になるものをどんどんつくって、それを拡げてゆくのがよい。平和も友好もそのための謀略に過ぎないのです。そうすると今度はソ連も負けてはいない。いろいろな使節団をよこしたり、歌劇団や競技団をよこしたりして、盛んに働きかけてくる。みんな日本を物にしようと思ってやって来ておるのです。

そもそもそういう政治謀略、戦争謀略というものは、いかに相手を騙《だま》すかということが根本でありまして、『孫子』『呉子《ごし》』『六韜三略《りくとうさんりやく》』というような所謂兵学にしても、みなこれ相手を騙して物にする方法を論じておるのであります。だから詭道《きどう》であり、詐術《さじゅつ》であります。詭も詐もいつわりということです。

今の世界はもう実に詭道・詐術、偽の競争です。社会・国家の指導的地位・名誉・権勢・利権、そういう世界ほどそうです。徹底して言うならば、人間は大体偽で生きておるわけです。考えてみれば、文明などというものはどこまで真実で、どこまで偽であるか分からない。

例えば薬の広告にしてもそうです。高い金をかけて、やれ肝臓に効くだの、やれ精力をつける薬だの、と過大な宣伝をやっておる。しかしそんなに宣伝するほどその薬が効くのかというと、営業妨害になるからみんな黙っておるだけのことで、これは相当の偽がまじっておることは確かです。大体文明人というものは、病気には見えぬが、決して健康ではない。それを医学・医術が発達しておるから、早く死ぬべき人間をどうにかもたせておる。これが文明というものです。だから、文明というものは案外文迷であり、文冥であるという批判が随分学者の間にある。

死生を一にする

こういうことを考えてくると、中斎先生の思想・学問、その教育は実に徹底したものであり、権威のあるものであります。それは先生の内面、或いは半面の問題ではなくて、それこそ死生を一にした、良知の発揮であり、去偽であって、それを役人としての生活にそのまま発揮して、いろいろな大事業をやっておるのであります。

先ずみなさんご承知のことを言えば、豊田貢の淫祠《いんし》（いかがわしい神を祭る社）邪教を撲滅したことであります。これは当時の京阪神に大きな勢力を持っておった、今日の所謂新興宗教の一種というべきものであったが、これを徹底的に検挙して撲滅した。余程の信念と情熱を持った人でなければ到底出来ることではない。

それよりももっと難しかったと思われるのは、腐敗した奉行所役人の粛正であります。奉行所というのは、今日で言えば、府庁と市役所とを一緒にしたようなもので、司法も警察もみな含まれておった。その中に多年巣食っておったところの悪徳役人の腐敗・罪悪にメスを入れて、徹底的にこれを粛正したのでありますす。奉行や大坂城代がやるのではありませぬ。警察関係の一役人がやるのでありますす。なかなかこれは出来ることではありませぬ。やっぱりこういう学問・信念によって鍛えておったからこそ出来たことであります。

ありふれたイデオロギーで義挙を見るべきではない

あの義挙なども、浅薄な歴史家、社会思想家などの中には、極めて通俗に取り扱うものが多い。殊に近頃は外国でも有名になって、アメリカなども近代日本史の研究が盛んになるにつれて、取り上げておりますし、英国でもウエルズの『世界文化史』の中に載せております。面白いのはソ連で、科学アカデミーの近代日本史の部門の中にこれを取り上げて、自分に都合の好いように礼讃しております。

しかしこの義挙は、そういう所謂社会学的な一問題などというものではない。これは実に真剣熱烈な求道上の問題です。もうこの義挙の起こる天保八年の前年・前々年あたりから、いろいろな地震・風水害・飢饉等相次いで起こり、実に惨澹たるものがあった。

前年の天保七年に近畿地方一帯を襲った凶作・飢饉の時には、当時京都近辺の人口が三十万、大坂界隈の人口が三十五、六万であったが、大坂から京都へかけて実に五万六千人もの人が死んでおる。しかし、当時大坂には矢部駿河守という名奉行がおって、各藩へ懇請して大坂へ米を廻させる一方、堂島の相場を抑えて、窮民・難民の救済にあらゆる手を尽してどうにか秩序を保っておった。処がその駿河守は間もなくやめて、跡部山城守というのが新しく奉行の職に就いた。これがお話にならぬ馬鹿奉行で、窮状に対して策を施す能力がないばかりか、幕府にごまばかりすって、まだその窮乏の中から幕府に回米するようなことまで策したのであります。

中斎先生としては、こういうことを黙って見ておるわけにはいかない。それでもはじめは、かながしらを嚙み砕くほどの激しい気性の人であるが、その憤激をぐっと抑えて、身を挺して、弟子まで動員して、あらゆる手を尽くしてこれが救済に当たろうとするのを、ことごとく生意気だ、僭越だといって取り上げようとしなかった。これでは少々の血の気の少ない者でも憤激致します。実際当時の記録を点検すると、奮起しない方がどうかしておる。

大事なものは学問・修養である

兎に角役人として、中斎先生の如く純誠で真剣に努力を捧げた人は容易に類を見ない。役人としても国宝的な人であります。勿論生まれつきもさることながら、人間というものはやっぱり「性相近し、習相《あい》遠し」という言葉の通り、これは後天的な学問、修養の結果でありましょう。

従って中斎先生の学問、業績を仔細《しさい》に点検してみると、人間はやっぱり学問、修養によって、その人本来を如何に変化し、如何に立派なものに仕立て上げることが出来るか、いや、出来るものだということをしみじみ考えざるを得ない。と同時にそのお手本に対して、自分達を――私の場合は自分共で、他人のことは達であります。山田孝雄博士はこういうことに対して非常にやかましかった――従って自分共を考えてみるというと、なんとかかんとか言うけれども、要するに怠け者だということであります。人間努力さえすればなんとかなる、どころではない、必ず大したものになる。努力が足りぬからうだうだに終ってしまう。大事なことは学問・修養であります。

今日の日本に大事なことは、内面に於てこういう学問・修養の尊いこと、と同時に、こういう真剣熱烈な誠の学者や教育家・宗教家・役人・政治家等が一人でも多く輩出してくれることであります。これが日本を救う一番の道である、ということをしみじみ感ずるのであります。

中江藤樹・熊沢蕃山と今後の学問

根本真実の教化は徳教なり。
口にては教へずして、我が身を立て道を行ひ
て、人の自ら変化するを徳教といふ。

中江藤樹

自分を知るための学問

実は今日、私は何十年振りかでここへ参ったのであります。が、現代の俗悪雑駁な風がやはりここにもいくらか波及しておるであろうと内心考えておりましたところ、一向その汚染もなく、誠に静閑で、素朴で、殊に今日のお祭りは釈奠《せきてん》(聖人の祭り)の一種でありますが、先程一首を献詠致しました様に、なんだか現代を離れて、そのかみの藤樹先生の世に還《かえ》った様な、なんとも言えぬ清雅な感にうたれまして、本当に感慨無量であります。

殊に今日は八月一日でありますが、藤樹先生の亡くなられたのは、新旧暦の相違がありますけれども、やはりこの月の二十五日であります。蕃山先生も亦この月の十七日に亡くなっておいでになる。なんだかこういろいろのご縁というものを感じまして、益々感を深うする次第であります。

お話をはじめたら、それこそ夜を徹しても語り尽せぬいろいろの思いがありますが、左様なわけにも参りませぬので、念頭に浮かぶ先生の学問、求道《きゅうどう》の片鱗をうかがって、現代及び今後に生きる上の反省を試みたいと思うのであります。

さて、藤樹先生、蕃山先生を追想致しまして、なによりも先ず気のつくことは、先生達がいかに真剣に学ばれたかということであります。その真剣に学ばれた先生達の学問というものはどういう学問であったか、今日世の学問とどこが違うか、ということを先ず考えさせられるのであります。

先生方の性命を打ち込んでされた学問というものは、決して外物《がいぶつ》を追う、単に知識を得る、或いは資格を得る条件にする、というような功利的目的のためではない。その最も大切な意義は、自分が自分に反《かえ》る、本当の自分を把握するということであった。自分というものをはっきりつかんで、自分の本質を十分に発揮するということであったわけであります。

学は覚なり

一体人間の存在、その生活というものは、これを大にして言うならば人間の文明というものは、先ず人間が本当の自分に反って自分を役立てる、ということの上に立たなければ空々《くう》寂々《じやく》であります。

藤樹先生が殊に研鑽された『孟子』の中の名高い一語にも、「君子は必ず自ら反《かえ》る」と言っておる。これは大事なことであります。先ず自らが自らに反る、自分が自分に反る。そこからはじめて本当の生《せい》、生きるということが生ずるのであります。

ところが大抵の人間は、いろいろ欲望もあるし、外の刺戟も多くて、なかなか自分に反れない。ともすれば自分を忘れて物を追う、外に馳せるのであります。例えばなにか物を考えながら道を歩いておって、ついうかうかして石に躓《つまず》いたとします。その時にはっとして、自分が迂濶《うかつ》だったと気がつけば、その人は正しい。ところが大抵はそうは参りませぬ。こんちくしょう！　とばかりその石を蹴飛ばす。尚《なお》その上に、どうかすると、どいつがこんなところへこんなものを置きやがったのだ！　と今度は人まで責めて、自分がうっかりしておったとはなかなか考えないものです。

本当の人間と世俗の人間の岐《わか》れるところは先ずこの辺からはじまる。微妙の問題であります。君子は必ず自ら反る、何事によらず先ず自分に反る。自分に反ってはじめて本当に自分を知ることが出来る。藤樹先生の文集に書いてございますが、「学ぶということは自ら覚《さと》ることだ」と。即ち学は覚だというのであります。

ここに坐っておる伊與田局長は覺という名前であるが、本当に良い名前を貰ったもので、人間、学ばないというと、藤樹先生の言う通り「迷睡昏々たり」で、つまらぬことにどこまでも迷って、ぼんやり眠っておるのと同然何も分からない。然《しか》し「学べば明覚惺々《めいかくせい》たり」、星が輝いておる様に心中明るく冴える。学んでも覚めなければこれは学ばざるに等しい。藤樹先生は、先ず自らに反って覚ろう、という事に懸命に取り組まれたわけであります。

物知り学者とイデオロギー学者

蕃山先生も文章の中にこのことについて又いろいろ書かれてありますが、その中に当時の学者に二種あるということがあります。一種はただ物知りにとどまる。いろいろの知識を豊富に持って、それを誇りにしておる学者、所謂《いわゆる》博識の学問であります。物知り坊主とかいうような言葉がその頃もあったようでありますが、いろいろ沢山読んで、なるべく俗人の知らないような知識を持って、それを自慢にして、それで生活しておる学者が多かったわけです。

こういう種類の学者は今日もたくさんある。思想家だとか教授だとかいうような人々には殊に多い。この頃ならばベトナム問題とか、中共に関する知識だとか、アメリカに関する情報だとか、或いは又核兵器に関する知識だとか、なんとかかんとか俗人の知らぬ知識を売物にして生きておる。それだけなら要するにこれは外を追っておるのであって、自己の内面的本質的なものではない。こういうものも用い様によってはいろいろ意義もあり、効用もあるが、決してこれは自ら反る所以《ゆえん》ではない、本質的な意味から言うならば、凡《およ》そ己れを空しうしたものです。自己を閑却し、自己を疎外する以外のなにものでもない。社会学者や心理学者、教育学者達が口をそろえて論じておる人間喪失・自己疎外のやはりこれは一つの現象であります。

この博識を旨とするものに対して、いま一種の格法の義、今日の言葉で言うと、政策やイデオロギーの学者であります。自分で一つの主義・主張のようなものを立てて、それに合わぬものは排撃して、自分の考えておることに都合の好いような世の中をでっち上げようとする。進歩的文化人・評論家、左翼思想家、或いはマルクス・レーニン主義者などというような連中は大体こちらの方であります。こういう思想・学問では人間、従って先ず自分というものが解明出来ない。

蕃山先生はこういう知識・才智は多く徳を害《そこな》うと言っておられるが、確かにその通りであります。

外物を追えば自己を失う

こういうイデオロギーとか政策とかいう様な事は、自分を棚に上げておいていくらでもやれる。そういう者が自分の主義・主張といった格法を立てて、かりに志を得れば何をするか、決して人のためになるのでもなければ、世を救うのでもない。

戦後はじめて社会党政権が出来ました。今後も出来るかも知れない連合政権・連立政権でありますが、平生プロレタリアの解放であるとか、人民の味方であるとか、と所謂格法を立てて主張しておるものですから、一番喜んだのは、そして期待したのは、議会の給仕や守衛といった下級の職員達であります。

今迄貴族院だの衆議院だのという時代には、兎《と》に角《かく》自分達にはとても手の届かぬようなお偉方ばかりが集まっておって、自分達は誠にしがない存在であった。しかし今度は自分達の味方が、仲間が天下を取ったのであるから、どんなにか自分達を助けてくれ、自分達にやさしいだろうと思っておった。

ところが、これは幾人ものそういう連中が異口同音に言ったことでありますが、もうがっかりするくらいに威張り散らして、そしてけちで、一向情け容赦もない。昔の貴族院議員や衆議院議員の方が余程やさしくて、礼儀も正しく、欲がなかった。つまり裏切られた、というのでみんな呪詛《じゅそ》（のろう）したものであります。

本当に自分が自分に反って、自分を修めるという生き方をしないと、当然そうならざるを得ない。それは人間の本質であり、学問・求道の根本であります。それを棚に上げた自己疎外・自己喪失、つまり自分に都合の好い外物を追う所謂功利主義、こういう思想・学問ではみなそうなるのです。今日の世の中、今日の思想・学問の傾向はその最も甚だしきものと言わなければならない。

結局は教育の問題に帰する

そこで心ある者が集まっていろいろ論議したり、検討したりしておるのでありますが、ついこの間の晩も国政を有志が真面目に検討して、結局教育の問題に帰するということで、今日の教育・学問の在り方というものについてかなり真剣に話合いが行われました。なんと言っても教育・学問が改まらなければ、どうにもならぬことであります。自分が自分に反って、人間が人間に反って、自分を磨く、自分を養う、人間をつくる。これをやらなければ文明も駄目である、ということは分かっておるのですけれども、今日はおよそそれと正反対の方へ行っております。学校などもまるで人間を、少年青年を粗製濫造する営利会社の様になってしまっておる。先ずこれをなんとかしなければなりませぬ。

しかしこれはなかなか言うべくして実際有効に改革するということは難しい。一つ早道の様に思われることは、英邁《えいまい》なる内閣が出来て、それを代表する総理とか文部大臣とかいうような人が謂《い》わば本当に正義の学徒となって、熱烈に厳粛に全国民に向かって教育・学問はこうなければならぬということを訴えたならば、これは相当に響くであろうと思う。それでも要するにかけ声である。本当に大切なことは少し時間がかかるけれども、大なり小なり藤樹とか蕃山というような人達の思想・学問、こういう学問をする先生や生徒を一人でも多くつくることである、出ることである。

それには長い時間がかかるけれども、そのうちに必ず人生、民族・国家・世界を刷新する。すぐれた維新・革命の歴史を見ても、最初は必ず少数の勝れた正しい精神・自覚を持った所謂志士が現われて、そういう人達が苦労して時代を大きく直しておる。迂遠な様であるけれども、それが最も根本であり、実は最も道が近い。従ってそういう人達と今の為政者や政府と気合いが合えば、その時は見事に立ち直るに違いない。

天地発して人間の心となる

兎に角先ず自らが自らに反る。志ある人々が先ず自らに反って、石に躓《つまず》けば、こんちくしょうと石を蹴飛ばさずに、自分が過ちであったことを省みる、恥ずる。そういう心の持ち方、考え方でゆく。そして自分が本当の自分に反った時にはどうなるか。

藤樹先生の学問というものは殆どこれに対する回答でありますが、人は省みることによって、自らに反ることによって、はじめて心というものに触れることが出来る。他の動物も感覚や或る程度の意識は持っておるけれども、人間の様な複雑微妙な意識・精神、総称して心というものは持っていない。

やがて八月十五日の終戦記念日がやって参りますが、あの終戦の詔勅の中に「万世の為に太平を開く」というお言葉がございます。これは宋の名儒、張横渠《ちょうおうきょ》という人の名高い格言の一つである。

この句の前に三句ありまして、第一句は「天地の為に心を立つ」、その次は「生民の為に道を立つ」、第三句は「去聖の為に絶学を継ぐ」。問題は第一句の「天地の為に心を立つ」ということであります。

これはどういう意味かと言うと、つまり人間の心というものは天地・自然が人間を通じて立てたものである。自然は、天地は、何億年何千万年何千年といろいろ植物動物をつくったわけでありますが、その人間が五十万年もかかってやっと人間らしくなって、その人間の中にこの高邁《こうまい》な精神的存在、即ち心というものを発達させ、文明、文化らしいものをつくって先ず五千年と考えられておる。従ってわれわれが心を持っておるということは、言い換えれば天地が心を持っておるということです。われわれの心は天地の心である。天地が発してわれわれの心になっている。

顧軒《こけん》の由来

実に深慮な徹底した考え方でありますが、藤樹先生もこの心学、先ず自分に反って、心を自覚されて、大にしては宇宙と人間を通ずる厳粛な理法を明覚にされようとしたのであります。

天の理法は絶対的なものであるからこれは命であります。それは心によって自覚される。だから明命であります。『書経』の中に「天の明命を顧みる」という有名な言葉があります。『大学』にもそれを承けついで「諟《こ》の天の明命を顧みる」と書かれている。

先生は『書経』や『大学』、殊に『大学』は『孝経』と共に格別傾倒されたようでありますが、そういう学問をされることによって先ず天地、造化を通ずるところの厳粛な理法というものに気がつかれた。それで先生は顧軒と申しておられる。これには別に頤軒《いけん》とする説もありますが、恐らく考証学者も言う通りで筆書されてあるために、顧と頤を読み違えて間違ったものと思われる。『易経』に「山《さん》雷頤《らいい》」の卦《か》というのがあるので、益々そう考える人があるのだと思いますけれども、別に頤ということを『易経』に基づいて説かれたところもありませぬから、顧軒で正しいと思うのであります。これが自覚明覚にともなって先生が到達把握された大事な問題であります。

心身不二

今日から申しますと、従来の哲学はみなこれに参じておるのであります。特に科学というものはこれは物質の面から、自然的存在の面から取り組んだものである。最初のうちは科学の発見するものと、哲学やこれを信じ体得するところの宗教と矛盾するものが多かった。

ところがだんだん科学が天の明命、自然の法則というものに深く入ってゆくうちに、両方が大分近づいて来たというか、次第に一致するようになって来た。近頃では間の抜けた余り勉強しない哲学者や宗教家よりも、真剣に物質を研究する科学者の方が天の明命を顧みて本当の哲学、信仰に入って来ておるものが少なくない。これは現代の面白い特徴です。

例えば今迄病気というもの、胃病や肝臓病というものも、肉体の病気だと思っしておった。ところがいくら診療を尽くしても治らぬ、薬が効かぬ。だんだん研究してゆくと、何ぞ知らんそれは本人の心の問題だということが判って来た。神経、精神の苦悶や衝撃、或いはストレスといったものが胃を冒し、肝臓を痛め、心臓に及んでいるのである。従って本人の精神を直さぬ限りいくら薬をやっても駄目である。

そして考えてみると、胃潰瘍だの心臓病だのというものは身体の病気か心の病気か判らない。どこからどこまでが肉体で、どこからどこまでが心であるか、なにが心でなにが物であるか、という区別がなくなってしまった。もう今日の自然科学では物と心の区別を認めない。そこまで科学の方が気づくようになって来た。学問の進歩というものは偉いものであります。

愛と敬

藤樹先生はこの自ら反ること、自ら明覚することによって、厳粛な宇宙造化、天地の理法に参ぜられた。藤樹先生、名は原、字は惟命でありますが、これは『書経』（太甲上）や『大学』にある有名なこの天命を顧みるという言葉からつけられたのでありまして、これながと読むのが本当らしい。これがだんだん発展して先生の神道《しんとう》になる。三十歳の時に伊勢の大廟へお参りになって、一層神道に対する思索と心境が発達して参ります。

この影響もあって、蕃山先生もやはり神道に入っておられる。蕃山先生はなかなか見識の高い人で、若《も》し釈迦が日本に来られたら神道になるであろうとさえ言っておる。一見識であります。

藤樹先生は又人間というものを反省考察されて、人間の人間たる所以、人心の最も大事な要素・作用は愛と敬にあると言われておる。これは今日われわれが学問をし、実践をしてゆく上に於ても、やはり大事な根本原理でありますが、これが発展して先生の孝の学問・信念になったのであります。

中でも先生は特に敬というものを重んぜられた。

愛は普遍的なもので、人間ほど発達しておらぬが、動物も持っておる。しかし敬は「天地の為に心を立つ」という造化の高次の働きであって、人間に到ってはじめて発達して来た心である。これは人間が進歩向上しようとする所に生ずる心であって、人間が理想に向かって少しでも進歩向上しようと思えば、必ず敬の心が湧く。湧けば又進歩向上することが出来る。これあるによって人間は人間たり得るのであります。

この辺は朱子学でも力説するところでありまして、藤樹先生も当時の縁で先ず朱子学に入られたが、その後、王竜渓から王陽明の学に触れられて、中年に朱子学から陽明学へ傾いてゆかれた。そして三十七歳の時でありましたか、王陽明の全集を得て、はじめて先生の心の中にあって未だはっきり自覚意識するに至っておらなかった哲学・信念というものに明覚を与えた。それで世間では晩年の先生を陽明学と称するのでありますが、しかし先生が陽明学であるという意味は、自分の門戸を立てて、徒に人を排斥する様な人間の言う陽明学とは全然違う、ということをわれわれははっきり弁《わきま》えねばなりませぬ。

偽私放奢《ぎしほうしゃ》は亡国の因である

そこで話が現代に返りますが、今日の人間、今日の時代、今日の文明を救うにはどうすればよいか。よく人間喪失とか自己喪失とか申しますが、これを裏返すと、結局は敬を回復するということであります。人間をもう少しなんとか敬虔《けいけん》にするということです。

現代は人間が人間を見失い、自分が自分を見失ってだんだん機械化し、組織化し、大衆化し、従って動物化する。人間が人間でなくなるから、自然と人間の大事な資本である、例えば愛にしても敬にしてもみな亡ぼしてゆく、だらしがなくなる。これを汚れるとか頽《くず》れるとか言う。徒《いたずら》に物質的な満足・享楽、功利主義・享楽主義になって、その結果遊惰になる。現代の言葉で言えばバカンス・レジャー等というものの流行になる。

そういう生活は人間として真ではない、偽である。そういう偽の生活と私利私欲、自身の満足だけを求めるために、放埓《ほうらつ》になってしまう。その結果は贅沢ばかり考える。昔からこの偽・私・放・奢の四つを国の四患《しかん》と言っておる。

この中のどの一つが目立っても国は傾く。四つ共目立つようになれば国は亡びる（荀悦《じゅんえつ》『申鑒《しんかん》』）と言われるほどのものであります。先生はこれを憂えられて愛と敬とを説かれた。愛と敬は先ず親子の関係からはじまる。そこで『孝経』を心読熟読されて、これを講義し提唱されたのであります。今日もこの愛と敬を回復しなければ、日本も世界も救うことが出来ませぬ。

蕃山先生が『集義外書』の中に、秀吉公が奢侈《しゃし》贅沢を民に教えてから（即ち安土桃山の時代の奢侈の風でありますが）、五、六十年ほどの間にすっかり民衆の風俗は頽《くず》れてしまったと慨歎しておりますが、確かにその通りであります。終戦後アメリカ文明の奢侈贅沢、レジャー・バカンスなどを教わってから、わずか十数年の間に日本人の生活がどうにもならぬくらいに頽れてしまった。この辺で敬虔な心を回復して、国民の心を引き締めない限り日本は立ち直れませぬ。

道徳と宗教

敬という心は、言い換えれば少しでも高く尊い境地に進もう、偉大なるものに近づこうという心であります。従ってそれは同時に自ら反省し、自らの至らざる点を恥ずる心になる。

省《かえり》みて自ら懼《おそ》れ、自ら慎み、自ら戒めてゆく。偉大なるもの、尊きもの、高きものを仰ぎ、これに感じ、憧憬《あこが》れ、それに近づこうとすると同時に、自ら省みて恥ずる、これが敬の心であります。

少しでも高きもの、尊きものに近づき従ってゆこう、仏・菩薩・聖賢を拝みまつろう、ということが建前になると、これは宗教になる。省みて、恥じ、懼れ、慎み、戒めるということが建前になると、道徳になる。

従って宗教という時には、道徳はその中にあるし、道徳という時には宗教がその中にある。決して別々のものではない。一体のものの表現を異にするだけに過ぎない。よく宗教は道徳と違うとか、いや、道徳では駄目だとか、いうようなことを申しますが、これは不徹底な、或いは誤解された言葉でありまして、東洋では等しくこれを道と言う。道の現われ方によって或いは道徳となり宗教となる。

敬とはお互いが感心し合うこと

そこで人間が人間に反った時の一番大事な内容は何かと言うと、心に愛・敬を持つということです。特に敬が大事であります。

『論語』に「敬せずんば何を以てか別《わか》たんや」とあります。単なる愛だけで、敬がなければ動物と変わらない。この頃の夫婦、男女関係を見ていると、愛ということはしきりに論ずるけれども、敬するということは言わぬ。男女関係・夫婦関係に尊敬し合うということがなくなってきました。男女関係・夫婦関係の頽《くず》れる所以であります。愛するだけであるから、しばらくするとあらが見えて来て、どうしても駄目になりがちです。

敬があるということはお互い感心し合うということです。夫婦はお互い感心し合わなければいけない。ということは単なる肉体的・功利的関係では駄目だということです。純人間的関係、つまり精神的関係になって来なければ敬というものは生まれて来ない。

その点でいつも日本語に感心させられるのでありますが、日本人は愛するということを参ったと言う。love とか lieben とかと世界にはたくさん愛するという言葉がありますけれども、日本語が一番発達しておる。そもそも参ったということは敬するということです。男が女を、女が男を尊敬してはじめて参ったと言う。単なる愛ではない。

勝負をしてもそうです。負けた時に発する言葉は世界中大抵どこも同じで、こんちくしょう！とか、糞くらえ！とかろくなことはないが、日本人は参ったと言う。負けて頭を下げる、立派なことです。愛するだの、惚れるだの、といううちはまだまだ駄目でありまして、第一、惚れるという字は忄偏に「ゆるがせ」

「たちまち」と書いてある。心がぼけるような、すぐに変わるというようなことではあてにならぬ。これからの日本の若いものは男女共に相手に参らなければいけない。参らぬ様な恋愛はしない方が宜しい。

父は敬の対象・母は愛の対象である

同じ様に親子の間も、親は子に参り、子は親に参らなければならぬ。殊に親と言っても、父母には自《おの》ずから分業があって、母は愛の対象、父は敬の方を分担するように出来ておるから、子供を偉くしようと思えば、先ず親父が敬するに足る人間にならなければならぬ。これが一番大事な事です。

藤樹先生の説かれた哲学は、決して子供の親に対する事だけを答えたものではない。しみじみ読んでおると、親父の役目は大事だなということが判る。ところが、藤樹先生の孝の哲学を説いた本は世間に沢山出ておりますが、このことに気のついておる註釈は甚だ少ない。

なる程孝という文字そのものは、子供の親に対するものでありますけれども、それは表面だけの意味で、中へ入ってゆけば、父を敬することが一番の本筋であります。父の中に敬するに足るものを発見できることである。言い換えれば、父が敬せられるに足る人間でなければならぬということであります。ところが小《こ》伜《せがれ》の時にはこれがなかなか解らない。又親父も余程しっかりしないと伜に判らせられない。やはり子供というものは、死んだ親父の年くらいにならぬとよく親父が判らない。勿体ないけれども、どうも順送りで仕方がない。

そこで死んだ親父のことを先考と言う。これは「考える」ということと同時に、「成す」という意味を持っている。

何故亡き父を先考というか。親父が亡くなってみると、或いは亡くなった親父の年になってみると、なる程親父はよく考えておった、と親の心がよく解る。まだまだ俺は出来ておらぬ。さすがに親父はよく考えてやって来た、と親父の努力、親父のして来たことがはじめて理解出来る。人間は考えてしなければ成功しない。考えてはじめて成すことが出来る。考成という語のある所以です。

と同様に死んだお母さんの事を先妣《せんぴ》と言う。妣《ひ》という文字は配偶、つまり父のつれあいという意味と同時に、親しむという意味を持っておる。母というものは、亡くなった母の年になってみて、はじめて親父の本当のよき配偶であった、本当にやさしく親しめる人であった、ということが解る。所謂恋愛の相手とは違う。本当の愛、本当の女性、母・妻、というものは、亡くなった母の年になると解る。

だから子供はなるべく早いうちから親父の偉いところを見抜く努力がなければならぬ、少なくとも志がなければならぬ。又親父も伜にそれを悟らせるだけの内容を持たなければならぬ。

ところが日本の家庭生活には、家庭は安息所なりという、誠に結構ではあるが、甚だ至らない通俗観念があって、子供は母の責任のようになってしまってある。偉い子供が出ると、お母さんが偉いのだと、無闇に子供と母とを結んで、父というものを除外してしまっておる。家庭は親父の安息所という様な事になって長い間来てしまった。

殊に戦後は一層それが甚だしい。もう家庭に帰って来た親父というものは、文字通りひっくり返ったり、朝寝をしたり、酒をのんだり、どなったりして、敬するどころかあさましい動物的な親父になってしまった。名士などと言われる様な人になるともっと甚だしく、目の開いた父を見たことがないという子供がたくさんおる。親父が夜おそく帰って来る頃には子供は寝てしまっておる。子供が朝起きて学校へ行く頃には親父はぐうぐう寝ておる。こういう家庭になっては駄目であります。つまり敬というものを知らぬ子供が出来る。愛は知っておるが、敬を知らぬ。こういう子供は大成しよう筈はない。大きくなって必ず頽れる。

一体子供というものは実に鋭敏なもので、もう極めていとけない時から風邪を引いたり、はしかに罹《かか》ったりするのと同じ様に、家庭の人間、人々の在り方、心の動きを感じとるのです。この頃の児童心理学・教育学などというものもその点をくわしく調べて、子供は母親にまとわりついておる様だけれども、父というものには殊に敏感であるということを証明しております。

父というものは物を多く言わぬけれども、滅多に子供に干渉はしないけれども、父はどういう人であるかということを子供はよく直感しておる。そして常に本能的に父を模倣する。

愚かなる親は、子供が折角買ってやった可愛い靴や帽子を放ったらかして、親父の大きな帽子をかぶったり、靴を引っかけたりしておるのは、子供のふざけた可愛い仕種《しぐさ》の様に思うが、決してそうではない。あれは子供が親父たらんとして、敬意と自負心とを持ってやっておるのです。子供は子供らしい帽子や靴だけで喜ぶものでは決してない。母親が喜んでおるだけです。子を知るは親に如《し》かずと言うけれども、子を知らざるも亦親に如かずであります。

要するに盲目的な愛情は堕落する。親と子の間に最も大事なものは敬である。これが藤樹先生の孝の学問であります。

蕃山先生の高い見識と深い学問

まあ、人間の縁というか、命《めい》というものでありましょうか、藤樹先生はこの小川村へひっこまれて、しかも早く亡くなられましたので、教育・徳化という面は別として、所謂社会的、政治的活動は余りされなかった。その点、弟子の蕃山先生とは大分違います。

蕃山先生はご承知の様に備州の池田藩に仕えて、実際政治を行われております。晩年不遇になられたのは、一面に於て幕府から睨《にら》まれたということも大いにあると考えられるのであります。蕃山先生の抱懐された政治的社会的見識、政策の立て方の根本も、藤樹先生と同様民を愛すると同時に民を敬するというところにあった。政治をやるものは単に外物を追う、利を求めるというような功利的なことではいかぬ。もっと徳に基づいた敬虔な政治をしなければならぬ。それには人物が大事であるという様なことから、政治の頽廃《たいはい》は為政者に愛・敬がないからであると論じられたわけでありますが、そういうことが差障《さしさわ》りになった様であります。

実際先生の高い見識は、深い学問と思索から出ておりますから、今日のわれわれも往々にして衝撃を受ける。例えば、あの時代に於て已《すで》に日本の政治、日本の国体はいかにあるべきか、ということに対して徹底した見識を持っておられるのであります。

天皇は文字通り天地・造化の明命を代表される方であるから、実際政治に関与されるということは良くない。天皇を戴いて武家幕府というものが責任を以《もっ》て現実政治を遂行《すいこう》する、つまり責任政治を行うのが一番よい。公卿《こうけい》・公家《くげ》が幕府の代わりをやると、数十年の内に天竺《てんじく》・南蛮の如く政権争奪の革命的問題（荒《あら》えびすと云っておられる）が起こって来る、ということを論じております。

と言っても別に天皇を象徴にせよということではない。象徴というのは翻訳的な観念でありまして、蕃山先生の言う天皇は、現実の私利私欲の伴う権力沙汰の渦中から超越した、厳粛な真理の体現者にならなければならぬということであります。そして現実政治はその下の実際政治家に、つまり幕府に任す方がよいというのであります。

まあ、こういう偉大な哲人の学問を仔細に見て参りますと、到底古人の学問とは思えない。ことごとく今日の時代、今日のわれわれにひしひしと身にしむ生きた学問であります。こういう人、こういう学問、こういう生き方を、なんとかして現代に再び生かすことが大事である。

満で数えて三年後に、明治維新一百年の記念の年がやって参りますが、その間にせめて明治維新を立派に遂行した、又その精神的原動力になった先哲の人物・学問、その修業というようなものを出来るだけ国民に、特に青少年に解らせたい、という熱望をわれわれは持っておるのでありまして、それを各郷土郷土でやろうということで郷学《きょうがく》と名をつけて、郷学振興ということを今奨励しておるのであります。今日は先ずその典型的な一例として藤樹・蕃山両先生の人となり、その学問・求道《きゅうどう》の骨子をお話申し上げた所以であります。

森田節斎とその交友

我が心石にあらず、転ずべからず。
我が心蓆《むしろ》にあらず、巻くべからず。
詩経・邯《かん》風

なつかしい中学時代

二周年記念のお集まりでありますから、申し上げたいことは限りなくありますけれども、かねてから一度「大和《やまと》の人物と教学」といったものに触れてみたいと思っておりましたので、そのことを少し申し上げようと存じます。

ただ大和の人物と教学と申しましても、日本の宏遠なる肇国《ちょうこく》（国のはじめ）と共にある大和でありますから、歴史的に辿って探究するとなると、到底こういうところで取り扱いの出来るものではありませぬ。従って題を左様《さよう》に書いてありますけれども、実は私のなつかしい体験をお話したいと思うに過ぎないのであります。

ご存知の方もあるかも知れませぬが、私はお隣りの四条畷中学の出身でございまして、その間の五年というものは、降っても照っても、生駒山下から高野《こうや》街道を歩いて通学致しました。その通学の途中、或いは本を読みながら、或いは少年らしい空想に耽《ふけ》りながら、考えたことの幾分かを実践したに過ぎないような感じがするのであります。しかし考えてみますと、この時が一番なつかしい。夕日の非常に美しいところで、詩を作るとか、歌を作るとか、というようなこともその通学の時に得たような気が致します。

又或る時は、歩きながら本に読み耽っておって、牛にぶっつかったことがあります。その頃はまだ貨物自動車などありませぬから、運輸も荷物なども車に積んでそれに牛や馬をつけて往来しておりました。普通ならば跳《は》ねとばされるところでありますが、人間と違って動物は無心であります。夢中で本を読んでおってぶっつかったので、牛も驚いたとみえて、びっくりしたような目をして、私を眺めておりました。その頃、私も少々坐禅をやっておりましたので、おぼろげながら無《む》ということが分かったような気が致しました。

はじめて節斎先生を心に印す

まあ、いろいろなつかしい思い出があるのでありますが、その後、私はそこを出まして、第一高等学校に入りました。丁度その頃だと記憶しますが、生駒の滝寺というところに岡村閑翁と言う隠君子がおられました。名を達といい、大和郡山藤川冬斎先生のお子さんであります。大正天皇の侍講をされた三島毅先生なども非常に畏敬しておられました。どちらかと言うと、陽明学派であります。この岡村先生が、五条出身の森田節斎《せっさい》先生が吉野に建てられた小楠公髻《もとどり》塚の碑文の草稿の後に跋《ばつ》を書いておられまして、それを節斎研究家の武岡という方が所持しておられたのでありますが、たまたま私もそれを読む機会を得まして、非常に感動し、それが因で節斎先生の碑文を読んだのであります。若い書生の魂に一つの衝撃を感じた事を私はいまだに憶えておるのであります。

それを読みますと、碑文を嘱望された時、節斎先生も実地を見に行かれたわけでありますが、髻塚の辺は寒煙荒草と書かれておりますように、大層寂《さび》しいところであったらしい。それで先生は、その前に多武峯《とうのみね》に建てられた藤原鎌足《かまたり》公を祀る談山《だんざん》神社の、輪奐《りんかん》(巨大なさま)の美を尽した堂々たる建物と較べて、一方は功成り名遂げて千歳《せんざい》に廟食しておられるのであるが、他方小楠公の方は悲劇の中に殉国されて、こういう寂しい情景の中に眠っておられる。しかしそういうことはどうでも宜しい。

われわれは時あってか幸いに志を得れば、藤原鎌足公の如く百世に廟食して可なり。しかし、たとえ志を得ずとも、小楠公の如く不朽の忠節に生きればそれで宜しいのであって、成敗《せいばい》利鈍は問うところではない。これを要するに、人間は国家のために至誠を尽すことが一番尊いのである、とこう論じておられるのでありますか。私もこれには本当に心から感じさせられると共に、はじめて森田節斎という人を心に印したのであります。

潜庵と節斎

そういう因縁で、なにかと節斎先生について注意致しまして、資料など調べておりますうちに、いろいろ感激すべき事を発見致しました。そしてその度に深い肝銘《かんめい》を受けました。その一つは春日潜庵との交遊であります。

潜庵は京都の人で、私も大きな影響を蒙った一人でありますが、およそ幕末維新の志士の心ある者にして彼の門をたたかなかった者はない、と言って宜しいのであります。あの西郷南洲先生にしても、潜庵先生に傾倒して、特に弟の小兵衛や弟子の村田新八等をこの門に派遣して学ばせております。

この潜庵先生と節斎先生とはもともと京都に於ける親しい学友であり、学問・求道の契りを結ばれた間柄でありますが、その後明治元年になって、潜庵先生は奈良県及び五条県の知事に任命されて、短時日でありますが、ここに赴任しておるのであります。その時に節斎先生との間にこういう面白い話がある。私はそれを知って、一層興を深く致しました。

それはこういう話であります。大体この節斎先生というのは非常な晩婚でありまして、いくらすすめられても結婚しようとしない。それで肝腎の男の一物がないのではないか、という評判がたったと言うのです。そんな馬鹿なことがあるか、と憤慨したものの、さすがの節斎先生もこれには少し参ったらしい。その後藤沢東畡《とうがい》から、もうそろそろ貰ったらどうだという話が出た時に、はい、貰いましょう、とこれは又意外の返事です。

ところがその後が振るっている。当時東畡先生のところに、無絃《むいと》と書いてありますが、住み込み女中奉公をしながら学問をしておる婦人がおりまして、なかなか気骨のある変わった婦人でありますが、容貌は至って不器量であります。節斎先生この女士をどう見込んだのか、女房を貰うならあの無絃を貰いたいと言い出した。才色兼備の女があれば世話をしてくれ、とでも言うかと思っておったら、特別不器量な無絃を貰いたいと言う。

東畡先生もこれには驚きまして、〝君が見事あの女を女房にするなら、俺は三べん君に頭を下げよう〟と言って本当にしなかった。しかし節斎先生は言の如くその女中さんを嫁にしたのであります。無絃は詩文の才もありますし、なかなかの女丈夫でありました。

ところがその後、弟子の一人に――この人、後に元老院の議官や県令等になった人でありますが――失敗するものがありまして、破門することになりました。と言っても別に酒色やその他のことで失敗したわけでなくて、性格的にどうも無絃女士と相容れぬからであります。節斎先生もこれを惜しんでなんとかしようと思ったが、奥さんの無絃女士がどうしても承知をしない。それでとうとう破門をしてしまった。その時、その弟子は、先生を拝んで裏門から出て行った、という話がありますが、節斎先生も心中甚だおだやかではありませぬ。そこで奥さんに「牝雞《ひんけい》朝を告ぐるか」――雌雞が鳴くのかと言って笑ったわけです。すると女士は「左様におっしゃるのであれば私も出ましょう」と言ってとうとう家を出てしまった。二人共少々つむじが曲がっておりますから、意地をつっぱってそれっきり元の鞘《さや》におさまりませぬ。

そしてそのままになっておったところが、やがて明治元年になって、春日潜庵が知事になって参りました。ところが、丁度その前に天誅組の変がありまして、幸い先生は岡山倉敷におられて、その難を免れたけれども、郡山で塾を開いておった時代に、十津川の農兵組織などを企画した関係で嫌疑を受けておりますから、堂々と五条に帰ることが出来ない。そこで五条から少し奥へ入ったお寺に隠居しておられたわけであります。

潜庵はここへ赴任すると、同時に人をやって節斎先生を探させた。そして久し振りに両雄胸襟《きょうきん》を開いて歓談を致したのであります。その時に、女房と別れておるのは以ての外だ。俺が仲を取り持つから、一つこの機会に撚《よ》りを戻せということになりまして、潜庵の取り持ちで、意地をつっぱっておった夫婦が元の鞘におさまった、という大変面白い話がございます。

松陰と節斎

もう一つ私の心に印しましたのは、吉田松陰先生が、確か安政元年でありましたか、はるばる大坂から風雨をついて、教えを受けるべくこの五条に節斎先生を訪ねておることであります。しかし、たまたまその日先生は友人の家へ遊びに行って留守であった。

松陰先生はそれを聞くと、すぐ出先まで先生を追っかけて行って、二人は夜を徹して語り合っております。そしてその翌日、節斎先生は松陰先生を伴って、金剛山を越えて岸和田に参り、岸和田藩の儒者であった相馬九方という人を訪ねて、今度は三人で夜を徹して歓談しておる。その時に相馬の門にあって、酒の燗《かん》をしたり、茶を汲んだりして世話をした一人の少年がある。これが後の土屋鳳洲先生であります。

それから又五条に引き返して、今度は谷三山《さんざん》先生に松陰を紹介しております。三山は八木の人でありますが、当時類《たぐい》稀なる碩学《せきがく》（すぐれた学者）で、しかも聾《ろう》唖《あ》者であった。世に彼のことを聾《ろう》儒と申します。藩主上村公の顧問に聘《へい》せられて、藩政の上にも色々貢献されておりますが、本当にこれは生きた学者であります。この三山には節斎先生も一目置いておりまして、文章や議論の草稿など一度彼に見せて、賛成を得ないことには安心出来なかったということであります。

三山と節斎

この三山についてこういう面白い話がございます。はじめ節斎先生は京都に出て、文を頼山陽に学び、学問を猪飼敬所《いがいけいしょ》に学んだわけでありますが、敬所という人はこれ又なかなかの博学でありまして、今日であれば、さしずめ京都大学の漢学の本山になるべき人であります。実に手厳しい人で、容易に人に許さない。もう当時の学者を辛辣《しんらつ》に剔抉《てっけつ》（えぐり出す）して非難するし、人の自慢の文章など遠慮会釈なくやっつける。誠に以て始末の悪い人であったわけであります。

しかしその敬所も彼に較べるとずっと年少の谷三山にはすっかり参ってしまって、当時としては本当にはるばる京都から訪ねて来て、昼夜を分かたず四日に亘って筆談をしておるのであります。三山は聾《ろう》の上に、晩年には目も悪くなって失明しておるのであります。それが連日連夜四日に亘って筆談をしたというのですから、三山という人は余程の碩学であったと言える。

節斎先生もこの三山と三日三晩に亘って筆談をしております。その筆談の記録がすっかり遺っておりますが、実に面白い。私も一晩時を忘れて読み耽ったことがありますが、もう読むほどに面白くなって途中夜中に一本持って参りまして、それを温めながら――今日はもう余り見かけないようですが、その頃は鳩徳利《とっくり》と言って、火鉢の熱灰の中に突き差しておくとひとりでに燗《かん》が出来る――とうとう夜明けまで読んで了ったことを今でもおぼえております。

気魄と情熱の人

兎《と》に角《かく》節斎先生という方は、いろいろの点で特色がおありでありますが、その特色の中でも、私の一番肝銘致しましたのは、先生の純なる感激性と気魄《きはく》でありますす。壮《さか》んなる気魄と情熱、これが節斎先生の一番の性命であり、真骨頂であろうと思うのであります。

従ってその学問も、単に書物をたくさん読んで、いろいろな知識を整理する、知的に研究するというようなものではなくて、直ちに自己自身を創造して、それを以て接する人に電気のように感電させる、こういうところがあったように思われるのであります。

つまりいくつかの書物を選《え》り抜いて、丁度日蓮上人が法華経を色読《しきどく》（深く読むこと）した様に、普通の人は頭で読むけれども、その愛読する書物を身体で読んでおられる。その最も色読されたものは『論語』『孟子』『史記』、『史記』の中でも、特に漢の高祖だとか、項羽《こうう》だとかいうものを読まれたようでありまして、項羽の伝や『孟子』などは全部暗誦されております。こういう風でありますから、文章も実に熱烈で、気魄が溢れております。山陽以来、文章と言うとすぐ節斎先生と言われたくらいであります。しかしそれは必ずしも先生の本意ではなくて、先生はどこまでも道というものを身体で学ぶ、というところにあったようであります。

節の意味

そして口癖のように、「為《な》さざる有るなり。而る後以て為す有るべし。学はこれに過ぎず」ということを言われております。人間、如何なる誘惑を受けても、如何なる迫害を受けても、最後に一つ為さざるところがなければならぬと言う。これは非常に意味の深い、先生の一生を貫いた、性命のたぎった、権威のある悟りであります。

人間というものは、誘惑されたり、脅迫されたり、いろいろされると、すぐ心ならぬことも為してしまう、大事な把握するところを失ってしまう。そこから脱線や堕落がはじまるのであります。学問をする人間、道を学ぶ人間は、なにものを以てしても奪うことの出来ないものが根本になければならぬ。これが「為さざる有るなり」であります。

富貴を以てしても、貧賤を以てしても、威武を以てしても、なにものを以てしても、奪うことの出来ないものを持っておるという事が肝腎であります。今日の言葉で言うと、バック・ボーンというものであります。節斎先生の学問は一言にして言うならば、このバック・ボーンを打ち立てるということであります。

これは私も骨身に徹して教えられました。のみならずその後日本内外の激烈な変動に処して参りまして、なにかの折りにはすぐ思い浮かべて、一層感を深くした問題であります。今度の戦争の後もそうでありまして、日本人は、「為さざる有るなり」というところに於て大きな過ちを犯して来た、と言って差支えないと思います。

この「為さざる有るなり」ということを別の言葉で言うならば、節・気節・締めくくりということであります。人間に節がなくなると、だらしがなくなって、どうにでもなってしまう。

節斎先生の号もここに発するのであります。最初、節斎先生は五条の出身でありますから、五条の条の字を城という字に置き代えて、自ら五城山人とか、五城逸人とか申しておったのでありますが、この節の信念に徹してから節斎と号するようになったのであります。

私は今日の日本もこの節が必要だと思う。言い換えれば為さざる有るものがなければならぬと思うのであります。そうでなければ、日本はどうなってしまうかも分かりませぬ。

民族の第一義は精神である

私はどういう因縁か大学時代から、特に支那を中心に、日本の栄枯盛衰の歴史を学び、世に立ってからは、近代日本の大正以来の変遷を具《つぶ》さに身を以て体験して参りました。国家の機密にも常に参画し、戦前、戦中、戦後と激変して参りました日本の時勢を身を以て体験して参りました。

そして今もそれを体験しておるのでありますが、そういう学問の体験に徴して今日の日本、明日の日本というものを考えた時、なんとも言い知れぬ大きな危懼《きぐ》を抱かざるを得ないのであります。まかり間違ったならば、恐らくここ数年の日本は収拾すべからざる混乱に陥って、相当期間暗黒時代・恐怖時代が来ないとも限らない。もし左様な場合に陥った時、如何にしてこの日本の民族・同胞は救われるか。これはもう精神でなければ救われませぬ。絶対に物質では駄目でありります。

あの名高いギボンの『ローマ衰亡史』という名著があります。彼はその中で具《つぶ》さにローマの衰亡の史実を検討して、その結論の一つとして、民族とは何ぞや、民族とは精神である、ということを論断しております。つまり形のある民族というものは実に頼りないものだと言うのです。

例えば、この間もローマの飛行場であったことでありますが、アラブ連合の大使館の一等書記官が大使館員を連れてあわただしくかけつけ、出発間際の飛行機の係員に、動物を運ぶ部屋にあずかってくれ、と言って大きなトランクを差し出した。係員がそれを受け取ると、馬鹿に重いので、中味は何だと訊ねたがはっきり答えない。そのうちに中から「助けてくれ！」という声が聞こえて来たので大騒ぎとなり、開けてみると人間が放りこまれておったと言う。これはつい二、三日前の新聞に出ておった話でありますが、要するにナセル・アラブ連合とイスラエルの宿命的な争いの悲劇の現象で、二重スパイが捕えられてそういう目に遭ったということであります。

ご承知のようにこのイスラエルというところは、ユダヤ民族の聖地でありまして、今日も或る意味ではヨーロッパとアラブの争いの火元のようなところでありますが、しかし昔のイスラエル民族というものは今日殆ど無《な》いと言って宜しい。又あの世界の学問の一つの発祥地であるギリシャにしても、その文化の遺産は今日も遺っておりますけれども、ギリシャ民族は、今日あると言ってよいのか、ないと言ってよいのか、分からぬほどに民族の血のつながりというものはなくなってしまっております。ローマも亦然《しか》りであります。シーザーやブルタスのあのローマ人は、最早《もはや》今日滅んでおると言って宜しい。

要するにこれはみな精神的頽廃によって滅んでおるのであります。どんな学問をするとか、どんな産物を出すとか、或いはどんなに経済を開発するとか、という様なことはなる程現実的には重大な問題に違いないけれども、永遠という性命から言うならば、そういうものは極めてはかないものであります。

何が民族であるか、という民族の第一義に立てば、いかにして精神、民族精神を養ったか、ということが民族のすべてであって、これはもう東洋では古くから先哲の言うことでありますけれども、長い目で見ると、結局は精神に帰すると思うのであります。

この精神という問題を表現する一句が、〝為さざる有るなり〟という言葉であります。言葉というものは、消極を積極に表現することも出来るし、積極を消極に表現することも出来ますが、これは消極的に表現しながら、実は強い積極を表わした言葉であります。

如何なる脅迫や誘惑に遇おうとも、最後は毅然として〝為さざる有るなり〟という精神を持った民族は決して亡びない。どんな逆境に立っても、必ず復た興る。しかし、今日の日本は正に〝為さざる有るなり〟ではなくて、〝為さざるなからん〟としておる。こんな危いことはない。それを見られて、いろいろなところからいろいろな誘惑と脅迫が来ておるのでありますが、特に著しいところはソ連であり、中共であります。

その中でも一番恐いのは中共であります。中共はこれだけの世界の輿論《よろん》を無視して、核爆発の実験をやる。そしてのうのうと〝俺は世界で五番目の核兵器を持つ国となった〟と言って恫喝《どうかつ》（おどす）する。日本に向かっても、これに文句を言うとはけしからぬ。俺の言うことを聞かなければ今に思い知るぞ、と言って脅迫する。しかもその反面に今度は、友好とか親善とかと申して、やれ学術の交流をやろう、芸術の交流をやろう、と社会党や共産党ばかりでなく、自民党あたりまで甘言と好餌《こうじ》を以て誘惑して来る。

この中共の凄みが今、日本に一番効いておる。そこでもう当局者の中には、およそバック・ボーンなどというものは全く忘れてしまって、ぐにゃぐにゃと軟骨になって、出来るだけ妥協して、無事に済ますことが出来るならば、なんとかして無事に済まそうではないか、というような気分の人々が少なからず出て来ておるのであります。

正に〝為さざる有るなり〟ではなくて、〝為さざるなからん〟としておる。これは裏を返せば、なんでも為さんとすることとです。懐柔と脅迫の前には、恥ずべきことでもなんでもやろうということです。これでは日本は立ちませぬ。国運を賭《と》しても、やはり正義は守らなければなりませぬ。

処がそういう正しい議論を吐くものが、率直に言って、恐らく有力者の中の半分くらいしかありますまい。そういう状態でありますだけに、尚更この節斎先生の〝為さざる有るなり〟という言葉が肝銘深く思い出されるのであります。

生駒の大儒　岡村閑翁

余、頃者《けいしや》、一断句を賦《ふ》して曰く、神を罵《ののし》り佛を叱り、又儒を呵《しか》る。拘《かか》わる勿れ區々三教の徒。乾坤《けいこん》を呑吐《どんと》し、日月を懐く。

「虚心亭記」

不思議な機縁

世間は革命とか、造反とか言うて騒いでおり、したがって言わば治国平天下が大問題なのでありますが、進んで志を天下に行うということの半面に、退《しりぞ》いて心を洗って密《みつ》に蔵《ぞう》する、或いはおさむ、洗心蔵密――退蔵という方面、儒教に限りませんけれども、儒教では特にこの一方面が存するわけですが、その後者の方の、あまり世に知られない大儒で、又隠君子《いんくんし》でありました、岡村閑翁先生をご紹介したいと存ずるのであります。

実は明治大正の交《まじわり》、岡村閑翁先生には私の兄が就いて教《おしえ》を受けました。私は幼少でございましたので、まだほんの風化を受けたという程度なのでございましたが、然《しか》し、その後だんだん長じまするとともに、先生の学問・人格に傾倒いたしまして、実は私が世間の仕進の道を歩まずに、生涯自由な生活をして参りましたのにも、知らず識らずの間にこの先生の影響が意外にあったのではないかという感じがするのでございます。

そんな私事はどうでもよいことでありますが、昨年十二月十四日、先生が生涯を終られました大和の生駒山というところの有志が相寄りまして、先生が学を講ぜられました跡に記念碑を建てまして、私にどうしてもということで、辞するわけに参らず、その碑文やら、碑文字をしたためました。そうして除幕式にも参列いたしましたので、さような思い出もまだ生々しく、このたび皆さんにこの大儒をご紹介申し上げるわけで、まことに得がたい機縁であり、私の喜びでございます。

光風霽月《せいげつ》 洒々《しゃ》落々《らく》の生涯

生駒と申しますのは、ただ今は大阪から奈良へかけまして高速道路が出来て、阪奈道路と申しておりますが、その途中、つまり河内《かわち》と大和《やまと》、大阪と奈良との間にございます。一連の山脈、西は四条畷《なわて》、楠正行《まさつら》が戦死いたしましたあの四条畷の飯盛山《いいもり》、それから引き続きまして生駒山・信貴山《しぎさん》・葛城山《かつらぎ》・金剛山というような一連の山脈が走っておりまして、飯盛山に隣るところが生駒山で、名高い宝山寺という寺院もございます。

その生駒山の山腹に滝寺というところがあります。附近に室池《むろいけ》という、いまもなお密林の中に静寂な大池がございます。ほんとうに山紫水明の地でありますが、そこに先生は長く学を講ぜられて終った方であります。

岡村先生は、諱《いみな》は達、字《あざな》は仲章。文政十年の生まれで、大正八年、九十三歳でお亡くなりになりました。大変聡明の方で、その晩年も少しも老衰ということなく、細かい字の書物などをよくお読みになり、耳も別室で人がひそひそ声でささやいておる話でも、よく聞きとられたというくらい、耳目ともに確かで、心気充溢《じゅういつ》、耳目聡明というのはこういう方のことかというような風でありました。

先生のお父さんは大和郡山の藩士でありまして、藤川冬斎（名は貞、字は士幹）と言って非常に見識の高い、気格の優れた、英邁《えいまい》（知のとくにすぐれた）な方でありますが、その冬斎先生の次男であります。冬斎先生は、学問は特に陸象山《りくしょうざん》、――勿論、程朱《ていしゅ》（程明道・程伊川と朱子をいう）の学問も修められましたが――、その後次第に陸象山の学問・人物を敬して、これに深く傾倒されたようでありま す。武芸もなかなかの達人で、特に槍術をよくされました。

大和と申しますと、一番よく知られておるのは五条の森田節斎《せっさい》であります。これも豪邁《ごうまい》な人でありますが、この森田節斎先生が藤川冬斎先生に大変敬服されて、こういう人が枢要《すうよう》の地位に当たられないことは実に士民のために惜しむべきものだ、とよく語っておられたということであります。しかし後には郡山藩で、卓然として藩政の重きに任ぜられておったことは明らかであります。

さて、閑翁先生は次男でありましたので、後に岡村家を継がれまして、大和の柳生藩に一応仕えられ、柳生藩政に携わられたのでありますが、もとより乃父《だいふ》（父君）の薫陶を受けられまして、若いときは、学問はもとより、武芸にも秀でられ、時局の影響もあって、藩の旨を受けて、武器の装備などにも苦心せられ、自ら新しい砲術も修められた。元来なかなか経綸《けいりん》（政治を治め整える）に富まれた方でありますが、やはり乃父の影響で次第に陸象山、王陽明の学風を愛して、その方に深くはいっていかれました。

私共が特に興味を覚えます事の一つは、吉田松陰先生が実はこの岡村閑翁先生を森田節斎の紹介で訪ねられ、快談（楽しい座談）しておられることであります。私は後になってこのことを知りまして大変感動を覚えたのであります。

吉田松陰は嘉永六年の二月の十三日に、雨をついて大和五条に、森田節斎を訪ね、非常に節斎に傾倒して、師弟の契りを結んでおられます。そしてそれから節斎先生に従遊《じゅうゆう》（ついて学ぶ）いたしまして、大和河内の楠公遺跡を訪ね、それからあの辺の学者たちと節斎先生の紹介でいろいろ会談され、時に講義などもされております。その後節斎先生のお供をして、富田林から岸和田に出られ、岸和田藩の名高い相馬九方を訪ねておられます。この相馬九方を、森田節斎と吉田松陰の師弟が訪ねましたとき、九方に侍坐しておった可愛い少年があります。これが後の、ここにもご関係のあった土屋鳳洲先生であります。

かくて二月十三日に節斎を訪ねてから、この大和河内に足をとどめられた約三カ月は、松陰先生としては珍しい、あまり人の知らぬ優游《ゆうゆう》（のんびり旅）期間でありますこの間に節斎の紹介で、岡村閑堂、のちの閑翁先生を訪ねて、学を語り、志を談じておられるのです。そして五月一日伊勢に越えて、名高い斎藤拙堂を訪ね、それから江戸へ向かっておられます。

岡村先生はやはりお父さんの手引きで森田節斎に就かれ、その詩文は特に節斎先生の影響を受けておられることが明瞭であります。そういうわけでありますから、元来は、維新の風雲にも際会《さいかい》されたのでありますし、大いに出でて志を天下に布《し》かれる筈の人であったのであります。

柳生藩は、もともと徳川幕府とはご承知のような特別の関係のある小藩であり、藩論沸騰いたしまして、藩を挙げて去就に迷ったことは、もう十分想像にあまりあることでありますが、その藩論を定め、維新の大勢を洞察して、これに帰順させられた功労者がこの岡村閑翁先生であります。そして藩の権大参事《ごんのだいさんじ》（旧家老職）というものになられ、全国各藩から貢士《こうし》というものが選抜されて、明治維新になりまして太政官にありました衆議院の議員に任命されました。

後、それは廃止になりましたが、そういうわけで丁度維新の風雲に際会し、天下に経綸を行う、或いは別の言葉で言うならば、功名富貴の道にも進もうと思えば、進める関係にあられたのでありますが、その先生がもう明治十三年には、いや、廃藩置県とともにすっと退かれて、明治十三年から生駒山中に先程申しました宝山寺の招聘《しょうへい》で退隠され、塾をおこして専ら郷党の父老子弟の指導・教学に当たられました。その間の実情は色々と興味深いものがあるようです。

もちろん先生の性格もあり、先生の学問・人生観がそもそも根本ですが、時局の影響も相当に考えられます。何と申しましても薩長雄藩の新政権でありまして、一小藩、特に一応幕府側に立って薩長諸藩に関知しなかったような立場にあるものは——これは今日の中共も、ソ連も、いずくも歴史は同じことでありまして、時の政権からは大いに圧迫されたり、あるいは排除されたりすることを免れない——明治の場合も左様でありました。その代表的な運命に立ちましたのは東北諸藩であります。

東北諸藩の最後の拠点になりましたのが南部藩でありますが、その南部藩出身の一番名高いのは、のちの原敬《はらたかし》首相であります。あの人は雅号を一山と申します。

これは実は非常に皮肉な号でありまして、明治新政府樹立とともに、薩摩長州の心なき面々、新しい政権に立った首脳部の人たちはそれぞれみな立派な人々でありましたが、これに続く時を得た連中の、心なき輩の間に、いつからともなくはやった言葉が、「白河以北は一山百文」ということであります。白河以北はつまり奥羽地方で、その出身者は一山百文、つまり十把《ぱ》ひとからげ、顧みないということであります。

この言葉でも分かる情勢に慨然として、一山百文結構であるというわけで、南部藩の家老の出でもありました原敬さんは一山と号したのであります。時にそれではあまり皮肉だからというので、側近の神経の細かな人が、原さんが何か書かれるときに、相手によっては「一」の字を「逸」の字にかえてもらったなどという話もあるほどでございます。

左様なことを考えます時に、柳生藩がどういう立場にあったかということも自ずから想像されるわけでありまして、事実大変複雑な状況でありました。しかし先生は時局を達観して、それこそ儒教で申しますと、或る時は志を立てて天下の経綸に当たるが、或る時は退いて心を洗うて、そして密《みつ》に蔵《ぞう》する、と易の繋辞伝にございます、あの洗心退蔵、蔵密という方へはいられたのであります。しかもその心境と同時に風格も洒《しゃ》々落《らく》々として、全く光風霽月《こうふうせいげつ》（さわやかな雨後の風と晴れて輝く月）の如しという趣でありました。

元来隠君子《いんくんし》というものは、隠者にもいろいろありまして、中には自分の性格に案外ひねくれた、猜疑《さいぎ》だの嫉妬だのという心もあって、あまり世に出ない、次第に自我の殻にかくれて、自分の環境を作り、人に許さない、自ら高くして、世を白眼視し、世に立って派手に活動しておる人を誹《そし》る、あらわに軽蔑するという、所謂《いわゆる》ひねくれ型の隠者もあるものであります。或いは人間が善良で、どちらかというと気魄《きはく》がなく、あまり野心欲望も無い、危い橋を渡るより、生計も何とかなるから敢えて世に出ない、という人もあるわけであります。

然し岡村先生などは、そういう処からは卓然と擢《ぬき》んでられて、気魄も力量も才幹もありながら、しかも衣《ころも》を振るうて足を濯《あら》い、悠々名利を外にして道を楽しみ、学を講じた方で、人物力量があって、しかも超脱したという、頗《すこぶ》る気格の高い人でありました。そういう風格でありますから、どこかになかなかユーモアがございます。そして晩年になるほど所謂、光風霽月・洒々落々の趣が豊かになりました。

先生の学風

先生の学風と申しましても、今日は時間の都合もございますので、詳しくお話も出来ませんが、その生涯の学風をたどってみますと、陸象山・王陽明の学問と同時に、晩年になられるとやはり次第に日本の神道にも心を寄せられております。

特に私が興味を感じますのは、雨森芳洲《あめのもりほうしゅう》に対する先生の共鳴であります。芳洲は――異説もありますが――近江の人というのが通説であります。名高い『橘《きっ》窓茶話《そうさわ》』など広く世に出ております。この芳洲先生と時代は違いますけれども深く心契《しんけい》（心の交わり）するところがあった様でありまして、こういうことを言うておられます。

「余の芳洲における賢愚径庭《けいてい》（かけはなれている）もただならず」。つまり賢愚の程《ほど》は自分の如きは芳洲先生に比べたら問題にならないけれども、「老後の興味はほとんど轍《てつ》を同じうす」と。この雨森芳洲は今日あまり一般には知られておりませんけれども、英邁達識《たっしき》（すぐれた見識）の人でありまして、徳川時代には随分立派な学者が沢山出ておりますが、その中でも私が最も敬慕しております幾人かの人々の一人であります。

木下順庵の門下で、なかなか見識の高かった、また矜持《きょうじ》（自信と誇り）するところも高かった祇園南海《ぎおんなんかい》なども、雨森芳洲には心から敬服しておりました。容易に人に許さない荻生徂徠《おぎうそらい》の如きも、芳洲は偉丈夫《いじょうぶ》であると言って感服いたしております。新井白石とは合いませんでした。

私は人としてはこの芳洲先生の方に心惹《ひ》かれる一人であります。先生は晩年ますます洒落《しゃらく》（さっぱりしてこだわらぬ）になられ、非常に包容力が大きくて、儒者ではありますが、敢えて儒教にこだわらず、仏教にも、老荘にも出入し、神道にも心を寄せられ、晩年は和歌を愛して、八十を過ぎて一万首の歌を作っておられます。

要するに道は一つで、それを人が各々その性に従い、得るところによって、いろいろな派を生ずるが、いずれも道に達すればそれぞれ意義があり、趣があり、それでよいのだという風に、所謂門戸の見（初学の域）というものを全く脱しておられる、実に立派な人であります。閑翁はその芳洲と心契せられたということは、私にも大いに首肯《しゅこう》される気がいたします。

虚心亭記

先生には『閑翁遺稿』という遺著が三巻、門人の手によって編されております。その中に虚心亭記というのがございます〔原漢文〕。

余、頃者《けいしゃ》（近ごろ）、一斷句を賦《ふ》して曰く、神を罵《ののし》り佛を叱り、又儒を呵《しか》る。拘《かか》わる勿れ區々三教の徒。乾坤《けんこん》を呑吐《どんと》し、日月を懐く。枵《きょう》然（大きいさま）

忘我自から空虚。

客有り之を見て曰く、神儒佛は我が先皇定むる所の國教にて生を吾が邦に稟《う》くる者一日も離るべからざるなり。彼の老荘學者、虚無を貴び禮儀を壊《やぶ》り、三教と其の塗轍《とてつ》を異にすること、恰《あたか》も氷灰の如し。今子、却って三教を罵詈《ばり》して空虚を貴び、老荘を學ぶ者に似たり、何ぞ其れ左《もと》るや。

このごろよく右傾とか、左傾とか申しますが、左傾という言葉は古くから使われたもので、傾の字を計とも書きます。

余曰く、悪悪《ああなん》ぞ然らんや。夫れ皇國の三教（神道・仏教・儒教）は至れり盡せり。神教の高潔、儒道の中正、佛法の圓妙、皆眞理に非ざる莫し、之を要するに一心空虚靈明の顯象（明らかな現れ）なり。一心は體なり。顯象は用なり。

古今三教の徒、門戸を構へ旗幟《きしょく》を建つ。入りては主。出でては奴《やっこ》（家の子）たる者往々之有り。是れ皆其の顯象に拘泥して其の體を知らざる者。是れ余の之を罵詈《ばり》（悪口、ののしり）する所以なり。且苟《いやしく》も能く徹悟《てつご》して一心虚明なれば、則ち所謂、體用一源、顯微間無し。之を放てば六合に彌《みなぎ》り、退いては密に蔵る（ひっそりとかくれる）。天地日星、亦吾が度内の物のみ。抑々學者の身體に就いて之を言へば、目を養ふに色を以てし、耳を養ふに聲を以てし、口と鼻とを養ふには味・香を以てし、四肢を養ふに安逸を以てし、而して精神を養ふに空虚を以てす。

空虚の極、嗜欲退聴《たいちょう》（退きおさまる）し、心氣靈活、其の爽快、伏し難きもの有り。嗚呼《ああ》、何ぞ其れ空虚の妙なるや。是れ余の空虚を貴ぶ所以なり。何ぞ必ずしも老莊の餘唾《よだ》（よだれ）を嘗《な》むるをば爲《な》さんや。

客唯々《いい》として退く。河内某村、藤田生嘗《かつ》て余に囑《しょく》する（たのむ）に其の虚心亭の記を以てす。余未だ其の亭に到らず。且《かつ》之に命《なづ》くる所以をも知らず。故に遷延《せんえん》（ひきのばす）して未だ毫《ごう》を援《と》らざりしなり。

生舊《もと》余に學ぶ。其の性朴質《ぼくしつ》（質朴）・卓然として聖人の道に志す者なり。今自ら其の亭に命ずるに虚心を以てす。豈得る所無くして然らんや。予偶々一斷句（一言）を得、未だ生の意と契《かな》ふや否やを知らずと雖も、且《しばら》く書して以て贈り、之が記と爲す。夫《か》の庭園の幽雅、風景の閒曠《かんこう》（しずかで広々とした）の若《ごと》きは則ち更に他日を待って之を記するも未だ晩《おそ》しと爲さざるなり。

この虚心亭記は、先生の面目と言いますか、心境と言いますか、躍如たるものがございますので、それを一つご紹介申しましたわけです。

ユーモアに富んだ漢詩

それから次の詩も、先程申しましたように、先生の風懐洒落、時に上品なユーモアに富んでおられる、そのユーモアの一つであります。これはちょっと漢学者の詩には珍しいものです。

歳々増加ス紀念ノ碑　功名ノ不朽ヲ託ス二銘辞ニ一
偶《たまたま》披キ二新紙一唖然笑　漸ク近シ地球消滅ノ期

面白いですね。年々あっちにもこっちにも記念碑が立つ。今日も記念碑ばやりですね。そうして不朽の手柄・功績・名声等を刻みつけるが、だんだん新聞紙を見ておると、地球消滅の時期が近づいてきたということじゃないか。地球がだめになるのなら、そんなところに記念碑なんか建てても何にもならんというわけで、思いもかけない着想で、ユーモラスであります。

先生は浮世の富貴功名や不朽の迹《あと》をとどめるなどということに対して、一面こういう気持を持っておられたものと見えます。

もう一つ面白いのをご紹介しますと、これは思わず一笑を発するようなものです。雨森芳洲先生は中国語、韓国語をよくされ、韓国の使者と対談されたとき、使者が驚いて、〝先生は実にいろいろの国のことばがよくお出来になるが、やはり日本語が一番お上手でしょうね〟と言ったというくらい自由に外国語に通ぜられておった。

閑翁先生はそれをとらえて、自分にひき比べて、戯賦《ぎふ》と題した次の様な絶句がありますす。丁度オランダ語から始まって英語、フランス語などがぼつぼつ入ってきたときであります。

蟹字横行漸く蔓滋《まんじ》（はびこる）す
腹萬巻を儲《たくわ》ふるも恐らくは徒爲《とい》（むだ）ならん
家人怪しむ我忽然《こつぜん》（にわかに）笑ふを
六十翁不學兒と成る

横文字がだんだん盛んになって来るようだ。

腹に万巻をおさめてはあるが、これはどうもこのごろの時局には結局何にもならないのかもしれない。

家人は自分が突然あははと笑うので、一体どうしたかと訊いた。実はほかのことではない。

腹に万巻を蓄えたこの六十翁も、かにの横這い文字、これからこの時代になるかと思うと、六十の翁がまだ勉強していない不学児である。この年になって何も分からん人間となるのかなあ。

と、この詩は大変面白い。こういうユーモアもあった人であります。

偶々王書（陽明学）を講じて浩歎（大きく嘆く）を發す。

名奔利走　人間《じんかん》に満つ

遡廻宜しく姚江の水に向ふべし（逆のぼり舟を廻らせ、陽明の生地に向かえ）

一棹豁然　天地寛（一棹させばからり、天地は広い）

これはもう講ずるまでもありません。先生の一面であります。

こういう風に、先生は気格も高い。そしてなかなか経綸の実力才能もあり、維新の風雲にも際会し、門地・閲歴・交友すべてに恵まれながら、衣を振るうてと申しますか、足を濯《あろ》うてと申しますか、生駒の山中に若くして隠れ優游自適、然しその風化というものは実に広く及んだものであります。こういう本当に典型的な隠君子、大儒であって、心から敬慕を禁ずることが出来ないのであります。

昨今、よく人が集まりますと、一体この日本はどうなるのだろうか、どうすればよいのだろうか、という話が必ず出るのであります。

私は岡村先生などの感化もありますが、特に祖先が兵を率いて楠正行を助けるために四条畷に参りまして、あそこで討死をいたしました。四条畷神社に小楠公と一緒に合祀《ごうし》してあります。その四条畷中学を出まして、小中学生の時分、暇があれば、河内・大和・紀州等の南朝の遺跡、又あの辺には沢山古くからの神社・仏閣・御陵等がございますので、そういうところを訪ねました。修学旅行も亦大体そういうところを歴訪するのが普通でありました。

それで非常な感化を受けまして、第一高等学校にはいりますと、以来、専ら日本や朝鮮・支那の民族興亡の歴史哲学に興味を持ちまして、そういう方面の書を耽読《たんどく》し、大学でも、東洋政治学を専攻するために法科にはいりました。

その感想では、日本の国体はあまりに結構で、万世一系の皇室を戴き、単一民族の、単一言語のまことにどうもありがたい国であるのに比して、その正反対が支那であり、これはご承知のように有史以来、侵略征服・叛乱革命、所謂易姓革《えきせいかく》命《めい》（不徳の天子に代わり有徳の天子が立つ）の歴史で、非常に複雑であり、時に怪奇であり、言わば劇的、ドラマティック・ロマンティックという点においては、支那・中国の歴史くらい興味深いものはないとも言えます。ですからつい面白くって、私は専らその興亡の歴史や人物の書に没頭して、いつの間にかもう七十年を過ぎましたわけであります。

そういう自分の経験や研究・感懐から申しまして、今日時勢がこうなるのには、こうなるだけの久しい由来因縁があるのでありまして、これは談一朝一夕のことではない。どうしてこうなったのか、どうすればよいだろうかと簡単に言うのは、虫の好い考えでありまして、こうなるのには容易ならぬ由来因縁があるわけで、それだけにどうすればよいかと言っても、簡単に答えの出るものではないのでございます。

われわれの病気一つでもそうです。余程長い間、知らず識らず不養生をしたり、いろいろな事があって、そして発病するのでありますから、どうしてこんな病気になったかとか、何とかなるまいかというようなのは、これは生理・病理を思わぬ者の雑話というもので、世間話にすぎません。これは余程真剣に、また深思して、贖罪《しょくざい》をやらねばならぬこと、病を治めると同じことであります。

そういうことを考えますと、簡単な間に合わせの政策やイデオロギーなどというもので片付くものではありません。それこそ多くの志士仁人の献靖《けんせい》（心をつくして安らげる）に待たねばなりません。と同時に、一見逆に考えられそうですが、案外隠君子も貴い。隠君子必ずしも隠君子ではありません。隠然としてしかもその化の及ぶこと、下手な功名富貴の士の活動の及ばざるものがあります。大いに功名富貴の士が出でて経綸を行うのもよろしい。

しかし脱然として、それこそ時世に袂《たもと》を払い、足を濯うて、優游自適するという道もあってよい。さまざまの人材、真剣な学問道風、いろいろ相俟《ま》って初めて時勢もなんとかなってゆく。

かように考えますし、尚又、今日の様な時世には、どちらかと言うと、名利を追う人間が多過ぎるから、少し退いて密に蔵する思想や学問・心境、そういう人物がもっと出る方が、或いは却って世を救うのに役に立つかも知れません。いろいろ複雑なことを考えておるのでありますが、そんな意味もありまして、今日はかように岡村先生のご紹介に及んだわけであります。

この作品は、一九六五年（昭和四十年）十一月に関西師友協会・全国師友協会より刊行された『活学』、一九七二年（昭和四十七年）一月に関西師友協会より刊行された『活学　第二編』から、講話八篇を収録したものです。

なお、編集に際しては、旧字・俗字や文意の汲みにくい箇所を若干修正するに留め、現代の言いまわしにそぐわないと思われる用語・表現が出てくる箇所もありますが、講話当時の時代背景に鑑み、ほとんどそのまま表記しています。

著者紹介
安岡正篤（やすおか　まさひろ）
明治31年、大阪府に生まれる。東京大学法学部卒業。「東洋思想研究所」「金雞学院」「国維会」「日本農士学校」「篤農協会」等を設立。また戦後は「全国師友協会」「新日本協議会」等をつくり、政財界の精神的支柱となる。全国師友協会会長、松下政経塾相談役を歴任。昭和58年12月逝去。
著書に『朝の論語』（明徳出版社）、『運命を開く』（プレジデント社）、『人物を修める』（竹井出版）など多数がある。

ＰＨＰ文庫　人生と陽明学

2002年6月17日　第1版第1刷
2020年2月18日　第1版第6刷

著　者　　安　岡　正　篤
発行者　　後　藤　淳　一
発行所　　株式会社ＰＨＰ研究所
東京本部　〒135-8137　江東区豊洲5-6-52
PHP文庫出版部　☎03-3520-9617（編集）
普及部　☎03-3520-9630（販売）
京都本部　〒601-8411　京都市南区西九条北ノ内町11

PHP INTERFACE　https://www.php.co.jp/

制作協力
組　版　　株式会社PHPエディターズ・グループ

印刷所
製本所　　図書印刷株式会社

ISBN4-569-57719-9